초고속 컴퓨터 업무술

일이 빠른 사람은
마우스를 사용하지 않는다

초고속 컴퓨터 업무술

| 오카다 미쓰히로 지음, 임재덕 옮김 |

만나서 반갑습니다. 저는 미쓰히로 오카다라고 합니다. 이 책을 선택해 주셔서 감사합니다.

이 책의 특징은 단순한 PC 사용 설명서가 아니라 「업무에 활용할 수 있는 비즈니스 서적」이라는 것입니다. 일반적인 「PC 전문서적」은 PC나 소프트웨어의 기능적인 측면밖에 가르쳐 주지 않습니다. 비즈니스에서 어떤 것이 도움이 될지는 독자의 판단에 맡기겠습니다.

물론, 단순한 PC 전문서적을 필요로 하는 사람도 많지만, 사실 이러한 노하우는 자기 자신의 실제 업무에서 습득하지 않으면 좀처럼 익숙해지지 않습니다. 지식과 활용을 별도로 생각하지 않고, 가능한 한 실제 사용 상황을 생각하며 배우는 것이 효과적입니다.

또한, 이 책은 필자의 경험을 통해 **직장인이 업무에 활용할 수 있는 비결과 활용 기능한 비즈니스 상황을 함께 소개하였습니다.**

이러한 점에서 이 책은 이전에 볼 수 없었던 실용적이고 효용성 높은 내용으로 이루어져 있습니다. 제가 이러한 내용의 책을 쓸 수 있었던 이유는 제가 일하는 스타일 덕택입니다.

저에 대한 이야기를 조금한다면 저는 현재 4개의 회사를 경영하고 있습니다.

첫 번째는 「카나리아」라는 회사입니다. 이 회사에서는 「리모컨 삼각대」를 개발하여 방송국이나 병원 등에 판매하고 있습니다. 「리모컨 삼각대」는 멀리서도 카메라를 조작할 수 있는 장치를 삼각대와 카메라의 사이에 설치한 제품입니다.

두 번째는 회사는 소셜 서비스 기획·운영이나 IT 교육을 실시하는 '메가 고릴라'라는 회사입니다.

세 번째는, 탈출 방 등의 수수께끼 풀기 이벤트를 기획하여 사원 연수 등의 목적으로 제공하는 「검은고양이 상자」라는 회사입니다.

네 번째는, 최근 시작한 「우즈라」라는 점포·오피스의 디자인을 실시하는 회사입니다.

「카나리아? 고릴라?」 특이하고 장난스럽게 느껴질 수 있는 이름이지만, 모두 수익을 창출하고 있는 어엿한 회사이며, 저 또한 얼굴 마담이 아니라 모든 회사의 대표이사로서 일선에서 지휘를 하고 있습니다.

이러한 4개 회사의 경영 외에도 다양한 프로젝트를 돕거나 책을 쓰고 강연을 하는 등 정말로 여러 가지 일을 동시에 진행하고 있습니다. 왠지 잘 나간다고 자랑을 한 것 같아 죄송하지만, **실제로 엄청 바쁩니다.**

그러면서도 매일 오후 6시에는 정시 퇴근하고 철인 3종 경기를 위해 매일 트레이닝을 하면서 대회 출전도 하며, 지인들을 자주 만나 식사도 하고 있습니다. 재미있는 기회라면 놓치고 싶지 않기 때문입니다.

어떻게 이렇게 할 수 있을까요?

먼저, 저는 다른 사람에게 자랑할 만한 특별한 능력이나 재능을 갖고 있지 않습니다. 단지 하나 말할 수 있는 것은, 저는 어떤 도구를 사용할 때 여러 가지로 연구를 한다는 것입니다.

이 도구는 바로 PC 사용법입니다. 왜 PC일까요?

그것은 약간의 「기술」만 배우면 업무 스킬이나 능력을 올리지 않아도 단기간에 업무를 극단적으로 빠르게 끝낼 수 있게 되기 때문입니다.

물론, 업무에 대한 스킬 업은 중요하지만, 그러기 위해서는 오랜 시간이 필요합니다. 그러나 PC 작업의 효율화는 몇 가지 간단한 「기술」을 외우는 것만으로도 곧바로 업무 시간이 단축되는 것을 느낄 수 있습니다. PC 사용에서 업무 속도가 늦어지는 이유는 세 가지입니다.

(1) 마우스를 사용하기 때문에

(2) PC에서 파일을 찾기 어려워서

(3) PC 자체가 느려서

이러한 문제를 해결하는 것만으로도 여러분의 업무 속도는 놀라울 정도로 빨라지게 됩니다. 저는 위의 세 가지 문제를 완전히 없애는 연구를 통해 아무리 업무가 쌓여 있어도 제 시간에 퇴근할 수 있습니다.

물론, 제가 경영하는 회사의 직원들에게도 마우스를 거의 사용하지 않는 저의 노하우를 알려줘서 업무 효율이 높아지도록 하도록 하고 있습니다.

또, 저는 워크 앤드 라이프(work & life)를 추구하기 위해서 업무를 초고속으로 처리할 수 있는 유익하고 다양한 노하우를 모으고 있습니다. 이 분야에 대한 일종의 마니아입니다. 업무 처리 효율화와 속도 개선에 대한 책도 여러 편 집필했습니다.

이 책에서는 그 방대한 정보 중 여러분의 느린 업무 속도를 개선할 수 있는 PC 사용 기술 80가지를 엄선해 소개할 것입니다.

80가지라면 조금 부족하게 느껴질지 모릅니다만, 반대로 말하면 **단지 80가지의 기술을 배우는 것만으로 업무 속도가 극적으로 빨라지는 것입니다.**

물론, 80가지 전부를 기억해야 할 필요는 없습니다. 자신의 업무에 필요한 것만 골라서 시험 삼아 해보는 것만으로도 분명히 업무 시간이 줄어드는 효과를 느낄 것입니다. 물론, 컴퓨터를 잘 모르는 사람도 쉽게 사용할 수 있습니다.

또한, 당연한 이야기이지만 어떤 기술을 사용하느냐에 따라서 단축되는 시간도 달라집니다. 따라서 이 책에서는 어느 정도의 시간을 단축할 수 있는지 페이지 왼쪽 위에 하루에 단축되는 시간을 표시하였습니다. 한 가지 기술마다 단축 효과가 표시되어 있으나, 여러 기술들을 익힐수록 하루가 30시간으로 늘어난 듯한 느낌을 가질 것으로 생각합니다.

본문에 들어가기 전에 한 가지 언급해 두고자 합니다. 저의 개인적인 제약 조건 때문에 워드나 엑셀 등의 Microsoft Office는 2010 버전에 기반하여 해설하고 있습니다. 또, OS도 이전 스타일의 단순한 것을 좋아해서, 「Classic Shell」이라는 프리웨어를 활용하여 Windows 8.1의 화면으로 변경하여 사용하고 있습니다. 게다가 애니메이션 등의 시각 효과 기능을 off로 해놓고 쓰기 때문에, 이 책에 실린 이미지나 각 명칭, 설정의 순서 등이 여러분이 사용하는 PC와는 다를 수 있습니다.

단지, 누구라도 사용할 수 있도록 기본적인 기법을 소개하고 있으므로 최신 소프트웨어를 사용하는 사람도 자신의 PC 환경에 맞게 변경하여 사용할 수 있을 것이라고 생각합니다(적용 불가능한 것은 양해를 부탁합니다. 자세한 것은 9페이지를 참고해 주십시오).

또한, 독자가 사용하는 OS 환경에 관계 없이 제가 사용하고 있는 것과 동일한 환경을 재현할 수 있도록 서문에 설명해 놓았습니다.

이 책은 모든 직장인에게 도움을 주기 위한 노하우를 소개하는 책이지만, 이 책에 소개하는 노하우를 사용해서 얻어진 시간을 다시 업무를 위해서 사용하라는 뜻은 아닙니다(물론, 업무에 사용하려고 한다고 말해도 됩니다).

퇴근길에 혼자서 영화를 보러 가도 괜찮으며, 연인이나 친구, 가족과의 시간을 갖는 것도 좋을 것입니다. 그 밖에도 취미나 스포츠 등 자신이 좋아하는 일에 시간을 할애하면 될 것입니다.

어쨌든 여러분의 업무 시간을 조금이라도 줄여서 얻어진 시간에 인생을 보다 즐길 수 있도록 하는 것이 이 책의 목적입니다.

「훈련」이라는 의식은 버리고, 게임이나 악기처럼 즐기면서 PC 활용 기술을 몸에 익힐 수 있으면 좋겠습니다.

PC에는 아직도 숨겨진 기술이 많이 있습니다. 그것을 아는 것과 모르는 것은 일이나 인생의 질에 큰 차이가 납니다.

새로운 발견은 누구에게나 즐거운 것입니다. 조금씩 수수께끼를 밝혀가는, 그렇게 두근두근한 기분으로 함께 워크 앤드 라이프를 실현해 나갑시다.

여러분의 일과 인생이 보다 즐겁게, 보다 두근두근 거리게 되기를 바라며……

오카다 미쓰히로

이 책은 2016년 4월 현재의 정보를 기초로 해설하고 있습니다. 이 책의 발행 후에 소프트웨어가 업데이트되어 기능이나 화면이 변경될 수 있습니다. 미리 양해 바랍니다.

이 책에서 설명하는 소프트웨어의 버전은 아래와 같습니다. 독자가 사용하는 소프트웨어 버전과의 차이로 의해 본문에 설명하는 대로의 결과를 얻을 수 없는 경우도 있을 수 있습니다.

- Microsoft Windows8.1

- Microsoft Word2010

- Microsoft Excel2010

- Microsoft Outlook2010

- Microsoft Internet Explorer11

- Adobe Acrobat DC

이 책에 게재한 화면 이미지나 각 명칭, 설정 순서 등은, 개인적인 설정이므로 Windows 기본 설정과 다른 경우가 있습니다.

이 책에서 소개하고 있는 프리웨어는 개발자에 의해 개발이 중지되거나 배포가 중단되는 경우가 발생할 수 있습니다. 또, 이러한 소프트웨어의 다운로드, 사용, 사이트 액세스에 의해서 일어난 손해에 대해서는, 출판사 및 저자 그리고 역자는 책임을 일절 지지 않습니다. 반드시 자기의 책임에 의거해 사용해 주십시오.

- 역자가 옮기며 2016년 12월부터 2017년 2월의 기준으로 업데이트했습니다.
- 역자는 Microsoft Windows10을 사용했습니다.

차례

제 5 장　의외로 잘 모르는, PDF를 편리하게 쓰는 기술
작업 효율화 편

제 **8** 장

모르면 손해! Outlook 메일 사용
메일 발송 속도 향상 기술

스트레스가 없어진다! PC가 놀라울 정도로 빨라진다

기본 설정／유지 편

"PC가 자주 멈춘다", "느리다", "애플리케이션이 잘 열리지 않는다", "PC 속도가 느려서 작업 속도를 쫓아 오지 못한다"

이러한 스트레스 속에서 매일매일 업무를 하고 있는 사람이 많다고 생각합니다. 사실은 이러한 문제를 PC 교체 없이 약간의 관리로 간단하게 해결할 수 있습니다.

초기 설정 그대로 PC를 계속 쓰고 있는 사람은 설정 몇 개만 변경해도 새 것일 때보다도 빠른 PC로 만들 수 있습니다.

이 책에서는 PC 조작을 빠르게 할 수 있는 수많은 기술을 설명하겠습니다단, 그 전에 독자가 사용 중인 PC 자체 속도를 높여 작업에 걸리는 시간을 대폭 단축하기 위한 기술을 설명하겠습니다.

한번 시험해 보면 놀랄 정도로 효과를 실감할 것입니다.

쓸모없는 시각 효과를 생략하면 PC가 극적으로 빨라진다

최신 OS일수록 화려한 시각 효과가 특색이지만, 사실 이것은 PC에 부담을 주어 동작이 느려지는 요인입니다. 개인적으로 이용하는 경우에는 좋을지 모르겠으나, 업무용 PC에서는 이러한 시각 효과는 필요 없습니다.

여기에서는 쓸모없는 시각 효과를 해제하여 PC 성능을 최대한 끌어올리는 방법을 두 가지 소개합니다.

첫 번째는 Windows의 성능 설정을 올리는 방법입니다. 이것은 Windows나 Task Tray의 디자인 등, Windows 전체의 시각 효과를 간단하게 하는 방법입니다. 설정 방법은 다음과 같습니다. 조금 길기 때문에 다음 페이지의 그림도 참고하면서 주의하며 진행합시다.

시작 화면의 프로그램 및 파일 검색 창을 클릭 ➡ 검색 박스에「시스템」이라고 입력 후 선택 ➡「고급 시스템 설정」을 선택 ➡「성능」의「설정」을 클릭 ➡「시각 효과」에서「최적 성능으로 조정」대신「사용자 지정」을 체크한 후 아래 두 가지 항목만을 선택한 후「확인」을 클릭합니다.

성능 설정의 변경

화면 왼쪽 아래 「시작」 버튼을 클릭 후 「프로그램 및 파일 검색 창」에 「System」 혹은 「시스템」을 입력 (처음부터 「Windows 검색」 창이 화면 왼쪽 하단에 나와 있는 경우도 있음)

「시스템」을 클릭 ▶ 「고급 시스템 설정」을 클릭 ▶ 「성능」의 「설정」클릭 ▶ 「시각효과」에서 「최적 성능으로 조정」 대신 「사용자 지정」으로 선택 ▶ 「아이콘 대신 미리보기로 표시」와 「화면 글꼴의 가장자리 다듬기」로 변경 후 「확인」을 선택

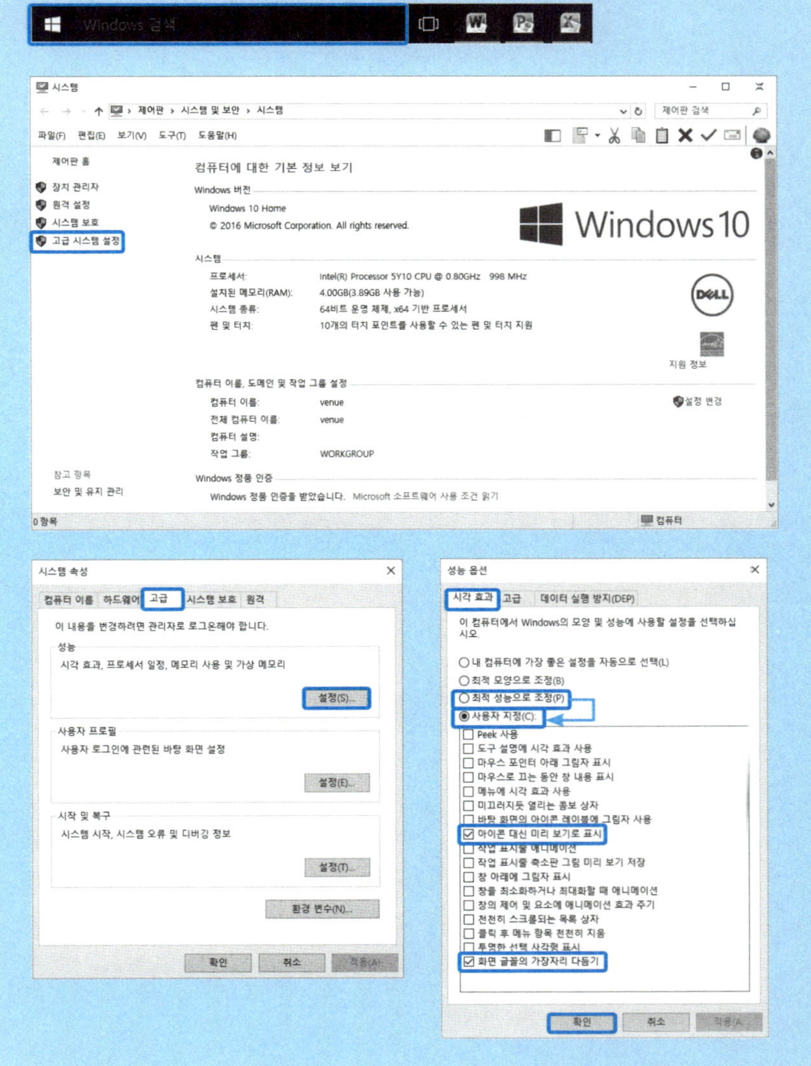

☑ 아이콘 대신 미리 보기로 표시

☑ 화면 글꼴의 가장자리 다듬기

덧붙여 말하면 이 기술은 비교적 디자인이 간단한 Windows7을 사용하더라도 효과를 느낄 수 있을 것입니다.

두 번째는 Windows8 이상의 「시작 메뉴」를 구(舊) Windows의 스타일로 변경하는 방법입니다. 구 Windows 스타일의 「시작 메뉴」의 디자인은 매우 간단하므로 「성능 설정」과 병행하여 사용하면 보다 빠른 동작이 가능해집니다.

단지, 이것은 「인사말」에서 언급한 프리웨어 「Classic Shell」이 설치되어 있다는 전제이므로 시험해 보고 싶은 독자는 사전에 설치하기 바랍니다.＊

먼저, 시작 버튼 위에 놓고 우클릭(마우스 오른쪽 버튼을 클릭)하고 「설정」을 선택하면, 「Settings for Classic Start Menu」 창이 열립니다. 「Start Menu Style」 탭에서 세 가지 스타일 중 하나를 고른 후 「OK」를 누르면 시작 메뉴가 변화됩니다.

덧붙여서, 제가 추천하는 것은 「Windows 7 style」입니다. 여기서 소개한 두 개의 작업을 하면 화면이 상당히 간단해져서 처음에는 생소한 느낌이 들 수도 있겠지만, PC가 놀랄 정도로 쾌적하게 동작하는 것을 실감할 수 있습니다.

사용하는 PC 시각 효과를 구매한 그대로 쓰시는 독자는 반드시 시험해 보십시오. PC가 갑자기 경쾌하게 돌아가 정말 깜짝 놀랄 것입니다.

＊설치와 설정 방법은 208페이지를 참고.

Classic Shell에서 「시작 메뉴」를 구(舊) 스타일로 변경하는 방법

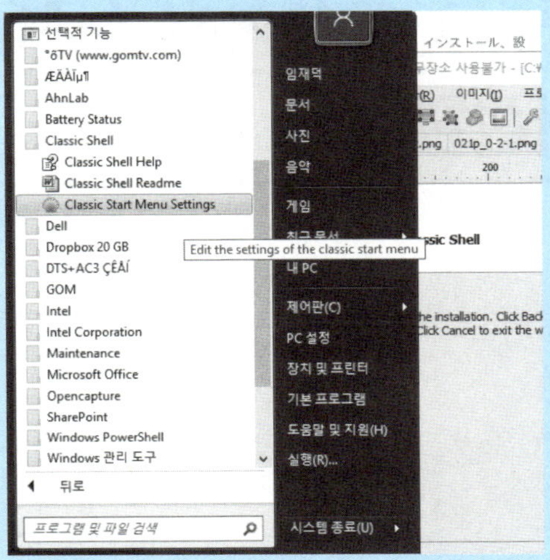

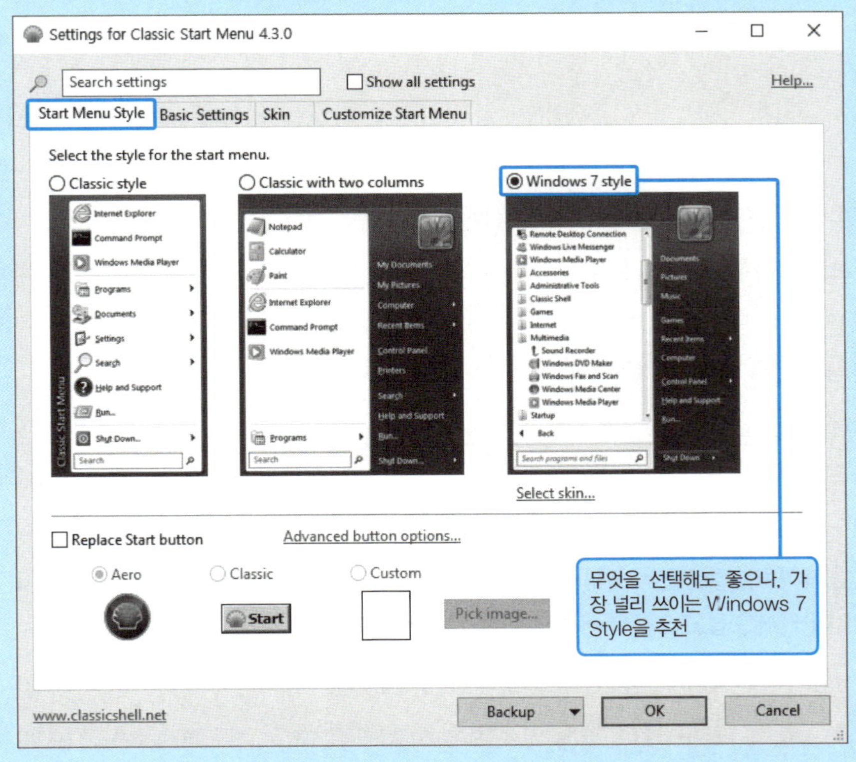

무엇을 선택해도 좋으나, 가장 널리 쓰이는 Windows 7 Style을 추천

불필요한 시작·상주 소프트웨어를 정지시켜 시작 속도를 개선한다

업무를 시작하기 전 PC 부팅이 느리면 초조해집니다. 하지만 이러한 시간 낭비도 간단한 작업으로 줄일 수 있습니다.

사실 공장에서 갓 출하된 PC는 불필요한 동작·상주 소프트웨어가 잔뜩 들어 있습니다. 이러한 것은 백그라운드로 동작하고 있으므로 일반적으로는 인식하지 못하지만, 부팅이나 동작이 느려지는 주요한 원인입니다.

즉, 불필요한 기본·상주 소프트웨어를 부팅 시 자동적으로 실행하지 않도록 설정해 두면 부팅 시간 단축은 물론 백그라운드 동작 부담도 줄어 PC가 경쾌하게 움직이게 됩니다. 그렇다고 하더라도 불필요한 프로그램을 모두 지우려면 전문 지식이 필요합니다. 따라서 여기서는 PC를 잘 모르더라도 간단하게 할 수 있는 「시작프로그램」에서 불필요한 「바로가기」를 제거하는 방법에 대해 소개합니다.

「시작프로그램」은 Windows를 부팅할 때 동시에 시작되는 프로그램을 말합니다. 매일 사용하는 소프트웨어라면 별도로 동작시키지 않더라도 사용할 수 있으므로 편리한 반면, 필요하지 않은 경우에도 항상 동작하고 있기 때문에 PC를 느리게 하는 원인이 됩니다.

"그런 프로그램도 있나?"라고 생각하는 독자도 있을지 모르겠습니다만, 처음부터 「시작프로그램」에 등록되어 있는 것도 있고, 소프트웨어를 설치하면서 저절로 「시작프로그램」에 등록되는 경우도 있습니다.

이를 제거하는 방법은 「시작」 ➡ 「모든 프로그램」 ➡ 「시작프로그램」 ➡ 필요 없는 「바로가기 위」에 커서를 놓고 우클릭 ➡ 「삭제(D)」를 누르면 됩니다.

Windows8 이후 버전을 쓰며 앞에서 소개한 Classic Shell을 설치하지 않은 경우는 「모든 프로그램」이 아니고 「작업 관리자」 → 왼쪽 하단의 「자세히」 → 「시작프로그램」 탭 → 필요 없는 바로가기 위에 커서를 놓고 우클릭 후 「사용 안 함(D)」을 선택하면 됩니다.

「시작프로그램」에서 불필요한 「바로가기」를 제거하는 방법

「시작」 ▶ 「모든 프로그램」 ▶ 「시작프로그램」 ▶ 필요 없는 「바로가기」가 있다면 그 위에 커서 놓고 우클릭 ▶ 삭제

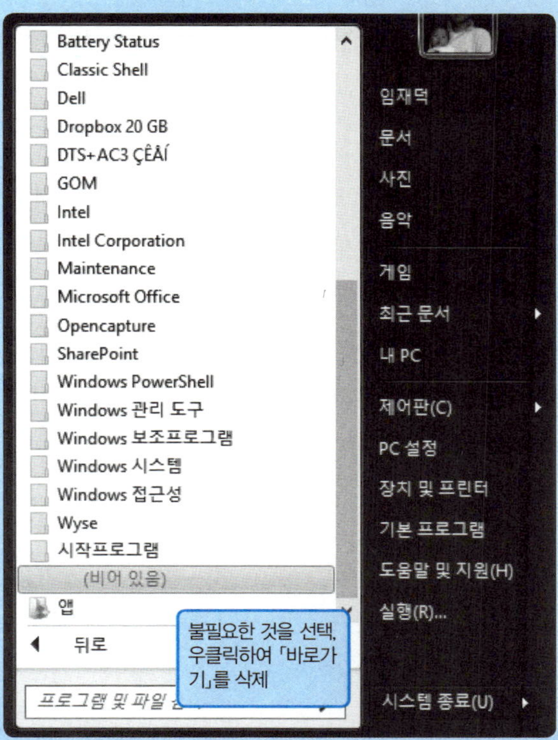

「시스템 구성」에서 불필요한 「시작프로그램」을 실행하지 않는 방법

「시작」 ➡ 「프로그램 및 파일 검색」에 「msconfig」 입력 ➡ 「시스템 구성」의 「시작프로그램」에서 불필요한 시작프로그램 앞의 체크 해제

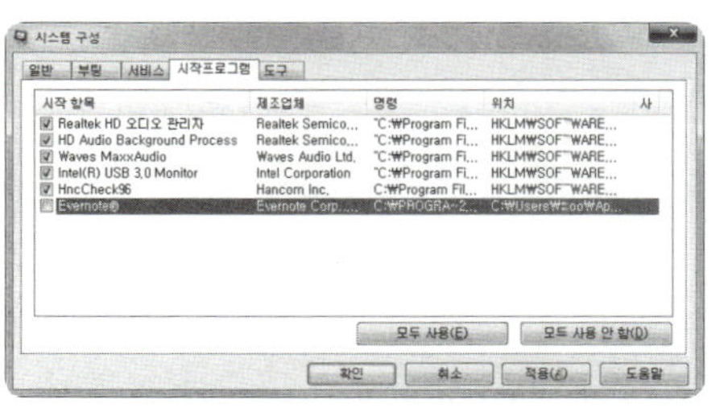

「소리」를 끄면 속도가 한층 더 빨라진다

앞에서는 PC 속도를 개선하기 위해 「시작프로그램」에 등록된 불필요한 프로그램을 제거하는 방법을 소개했습니다. 그런데 누구나 쉽게 할 수 있는 PC 동작 속도 개선 방법이 또 하나 있습니다. 그것은 「소리」의 설정 변경입니다.

PC를 켤 때나 끌 때 소리가 나오지요? 사실 이것도 PC의 속도를 느리게 하는 원인 중 하나입니다. 그리 유용한 기능이 아니므로 "이 소리를 듣지 않으면 일이 되지 않아!", "그 멜로디가 너무 좋아서 참을 수 없어!"라는 사람이 아니라면 소리를 끄는 것을 추천합니다.

"소리가 시끄러우니까" 하며 음량을 「0」으로 해놓은 사람도 마찬가지입니다. 실제로는 소리가 들리지 않지만, 소리에 관한 프로그램은 실행되고 있습니다.

설정 방법은 매우 간단합니다.

「시작」 ➡ 「제어판」 ➡ 「소리」 ➡ 「소리」 탭 ➡ 「소리 구성표」에서 「소리 없음」을 선택 ➡ 「Windows Startup 소리 재생」의 체크를 해제하고 「확인」을 누르기만 하면 됩니다.

이 설정만으로는 빨라진 동작을 느끼지 못할 수도 있으나, 「시작프로그램」 설정 변경과 함께 실행하면 동작이 빨라진 것을 실감할 수 있을 것입니다.

필요 없는 소리를 끄는 방법

「시작」 ▶「제어판」 ▶「소리」 ▶「소리 탭」 ▶ Windows 기본값을「소리 없음」으로 변경 후「확인」을 클릭

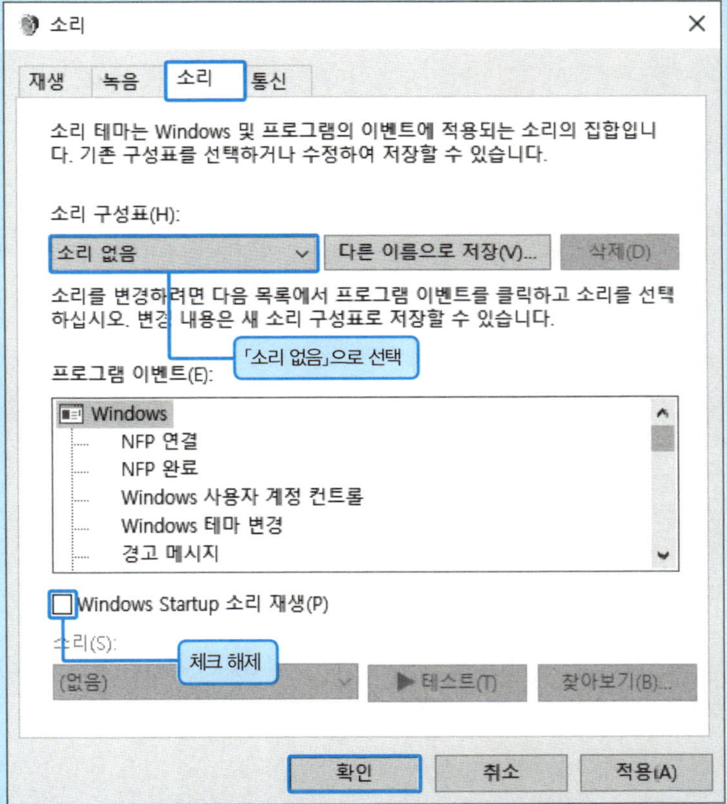

키보드의 반응 시간을 짧게 하면 놀라울 정도로 작업이 빨라진다

　문자 입력이나 파일 선택 등 우리가 PC를 사용하는 동안 많은 시간을 키보드 조작에 소비하고 있습니다. 그런데 여기에도 작업을 느리게 하는 원인이 있습니다.

　여러분은 「스페이스」 키로 행을 바꾼다거나 「방향」 키로 커서를 이동시킬 때 키를 한참이나 누르고 있어도 생각보다 커서의 움직임이 느려서 키보드를 연달아 친 경험은 없습니까?

　사실 공장에서 출하 시의 PC는 키 입력을 할 때부터 그 명령(커서의 이동이나 문자의 표시)이 화면에 반영되기까지의 시간 간격이 조금 길게 설정되어 있습니다. 이러한 설정으로 인해 너무 빨리 키보드를 입력하면, 커서가 따라오지도 않았는데 계속해서 키보드를 치고 있게 됩니다.

　이러한 문제는 키보드의 설정에서 「입력부터 문자가 표시되기까지 기다리는 시간」을 줄이면 「표시 간격」이 빠르게 되어 해결할 수 있습니다. 키보드 조작이 극적으로 부드럽게 되어 깜짝 놀라게 됩니다.

구체적인 설정 방법은 시작 ➡ 제어판 ➡ 키보드 ➡ 「재입력 시간」과 「반복 속도」의 버튼을 가장 오른쪽으로 이동시킨 후 「확인」을 클릭하면 완료입니다.

　설정 후에는 커서 조작이나 문자 입력이 경쾌해진 것을 느낄 수 있을 것입니다. 특히, 시작 메뉴나 파일/폴더의 선택/탭 이동, 엑셀의 셀 조작 등에서 큰 효과를 발휘합니다.

　또, 메일이나 문서 작성 시 하루에 수천 개의 문자를 입력해야 하는 사람은 한 문자당의 입력 시간이 단축되는 것만으로도 전체적으로는 막대한 시간을 절약할 수 있을 것입니다. 현재 보유한 PC 그대로 시간이나 돈을 들이지 않고도 성능 개선을 느낄 수 있는 기술이므로 빨리 시험해 보기 바랍니다.

키보드 조작 속도를 높이는 설정

「시작 ▶「제어판」▶「키보드」

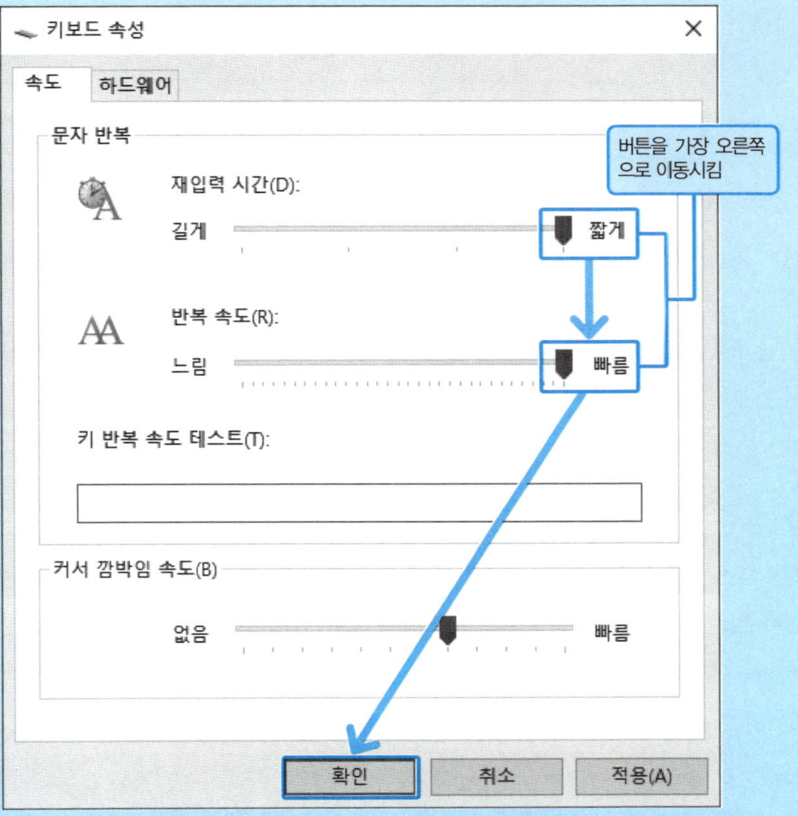

동작이 늦는 원인,
PC 내의 「쓰레기」를
정리하는 비결

"애플리케이션이 좀처럼 켜지지 않는다", "PC가 자주 멈춘다", "인터넷이 느리다"…….

같은 PC를 오랫동안 쓰면 동작 속도가 느려집니다. 그 이유는 하드디스크 안에 불필요한 파일이나 애플리케이션 혹은 임시 파일* 또는 캐시** 등 PC에 이런저런 「쓰레기」가 쌓이기 때문입니다. 이것들을 제거하면 같은 PC를 오랫동안 새것처럼 계속 사용할 수 있습니다. 여기서는 누구나 간단히 할 수 있는 「PC 청소법」 두 가지를 알려드립니다.

❶ 디스크 정리

하드디스크를 깨끗하게 하는 가장 일반적인 방법입니다. 이 기능을 사용하면 불필요한 파일이나 임시 파일, 캐시, 다운로드 프로그램 등을 선택하여 제거할 수 있습니다. 실행 방법은 다음과 같습니다.

⊞ + E → (C: Disk가 바로 안 보이는 경우) PC → (로컬디스크) C: → 우클릭 → 속성 → 「일반 탭」에서 「디스크 정리」(윈도우 중앙 근처 오른쪽) → 「디스크 정리: OS(C:)」라는 창이 뜨고 「삭제할 파일」 란에서 지울 파일 종류를 선택한 후 「확인」을 누릅니다.

> **Tip**
>
> 소홀하기 쉬운 바탕 화면의 「휴지통」도 가득 차 있으면 「휴지통 비우기」를 클릭하여 정리하는 것이 좋습니다.

---

* 작업을 위해 임시로 보존하는 파일로 가끔 지워지지 않고 남아 있는 경우가 있음
** cache, 자주 사용되는 데이터나 웹사이트 등을 보다 빨리 표시하기 위해 PC에 기억시키는 정보

디스크 청소 방법

⊞ + E ▶ (C: Disk가 바로 안 보이는 경우) PC ▶ (로컬디스크) C: ▶ 우클릭 ▶ 「속성」 ▶ 「일반」 탭

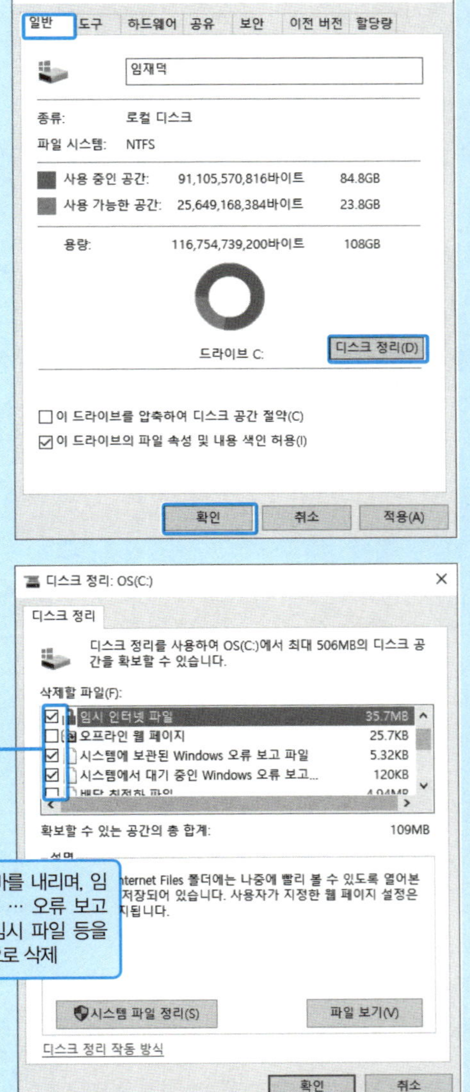

오른쪽 스크롤 바를 내리며, 임시 인터넷 파일, … 오류 보고 파일, 휴지통, 임시 파일 등을 선택 후 「확인」으로 삭제

❷ 디스크 최적화

디스크 정리와 함께 쓰면 좋은 것이 디스크 최적화입니다. 이것은 오랫동안 사용하며 생긴 파편화된 데이터를 정리/최적화하여 동작 속도를 개선하는 기능입니다.

실행 방법은 다음과 같습니다.

⊞ + E → (C: Disk가 바로 안 보이는 경우) PC → (로컬 디스크) C: → 우클릭 → 속성 → 「도구」 탭 → 최적화 → 「드라이브 최적화」 윈도우가 열림 → 드라이브에서 C:를 선택하고 「최적화」 버튼을 누릅니다.

덧붙여 말하면 최적화는 「설정 변경」 버튼을 누르고 정기적으로 실행되도록 스케줄 설정을 해두는 것을 추천합니다.

사람의 몸처럼 PC도 부지런히 손을 보아 두면 성능은 오래 지속되고 문제도 현격히 줄어듭니다. 정기적으로 관리를 하도록 신경 씁시다.

Tip

C드라이브 외에 다른 드라이브도 디스크 최적화를 실행하는 것이 좋습니다.

디스크 최적화 방법

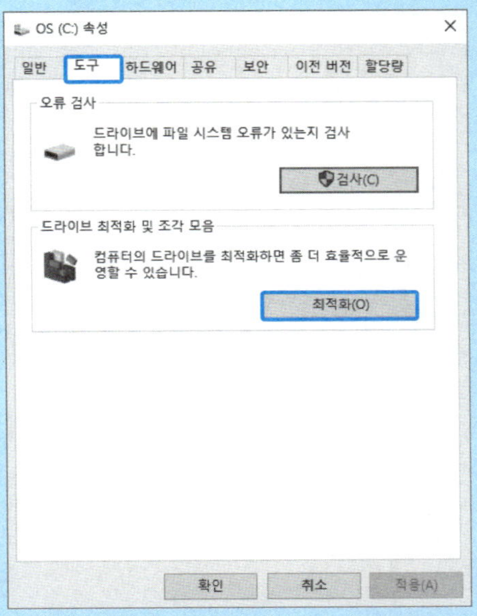

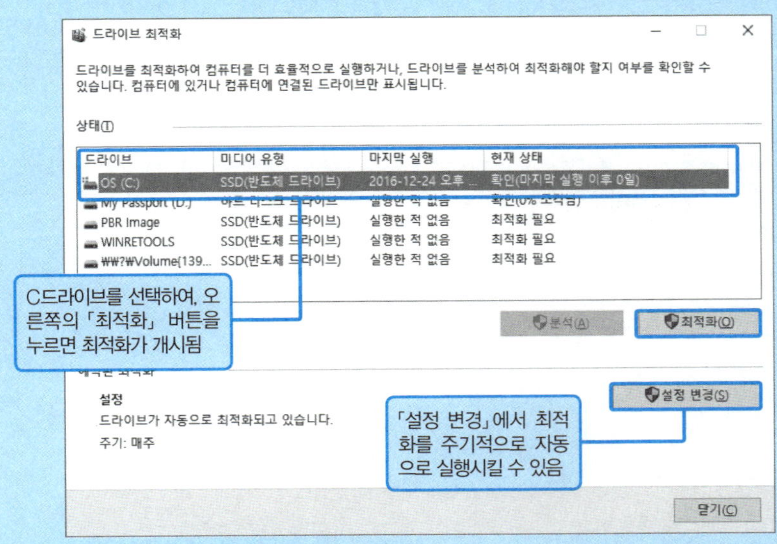

OS (C:) 속성
일반 도구 하드웨어 공유 보안 이전 버전 할당량
오류 검사
드라이브에 파일 시스템 오류가 있는지 검사합니다.
검사(C)
드라이브 최적화 및 조각 모음
컴퓨터의 드라이브를 최적화하면 좀 더 효율적으로 운영할 수 있습니다.
최적화(O)
확인 취소 적용(A)

드라이브 최적화
드라이브를 최적화하여 컴퓨터를 더 효율적으로 실행하거나, 드라이브를 분석하여 최적화해야 할지 여부를 확인할 수 있습니다. 컴퓨터에 있거나 컴퓨터에 연결된 드라이브만 표시됩니다.
상태(T)
드라이브 미디어 유형 마지막 실행 현재 상태
OS (C:) SSD(반도체 드라이브) 2016-12-24 오후... 확인(마지막 실행 이후 0일)
My Passport (D:) 하드 디스크 드라이브 실행한 적 없음 확인(0% 조각남)
PBR Image SSD(반도체 드라이브) 실행한 적 없음 최적화 필요
WINRETOOLS SSD(반도체 드라이브) 실행한 적 없음 최적화 필요
\?\Volume{139... SSD(반도체 드라이브) 실행한 적 없음 최적화 필요
분석(A) 최적화(O)
설정
드라이브가 자동으로 최적화되고 있습니다.
주기: 매주
설정 변경(S)
닫기(C)

C드라이브를 선택하여, 오른쪽의 「최적화」 버튼을 누르면 최적화가 개시됨
「설정 변경」에서 최적화를 주기적으로 자동으로 실행시킬 수 있음

제1장

마우스를 사용하지 않으면 작업이 10배 빨라진다!

작업 효율화 편

PC를 사용하여 업무를 볼 때 마우스를 사용하는 사람이 많을 것입니다. 그러나 키보드에서 손을 떼서 마우스를 잡아 커서를 움직여 클릭하고, 다시 키보드에 손을 위치시키는 일련의 동작은 업무 효율을 현격히 떨어뜨리는 원인이 됩니다.

「단축키」의 편리함은 여기에 있습니다. 이것을 마스터하면 매번 마우스를 쓰지 않고도 키보드만으로 PC를 조작할 수 있습니다. 한 번에 단축되는 시간은 얼마 되지 않지만, 하루 종일 누적된다면 상당한 시간을 절약할 수 있습니다.

그러나 단축키의 종류는 정말 많아서 전부 외우기는 어렵습니다.

그래서 이번 장에서는 직장인이 자주하는 PC 업무에서 시간을 단축하기 위한 기술을 엄선하여 소개합니다.

PC 조작 속도의 비밀은 손의 위치에 있다!

키보드를 열심히 두드리고 있지만, 작업 속도는 좀처럼 빨라지지 않는 사람도 있습니다. 첫 직장에서 외국계 컨설팅 회사로 이동했을 때 제가 그러했습니다.

그때까지 PC 조작 속도에는 나름대로 자신이 있었지만, 처음 배속된 프로젝트에서 만난 선배 컨설턴트의 정말 놀라운 속도에 충격을 받았습니다. 언젠가 우연히 본 화면에서 그 선배는 마우스를 전혀 쓰지 않고, 거의 단축키만으로 믿을 수 없는 속도로 PC를 조작했습니다.

그리고 그 선배의 업무 태도는 단지 속도가 빠를 뿐만 아니라 차분하고 상당히 능숙해 보였습니다.

저는 그 이후 하루라도 빨리 선배를 본받기 위해서 매일 꾸준히 단축키 연습에 열중했습니다. 그러던 어느 날 가장 효율적으로 단축키를 조작할 수 있는 「손의 위치」를 깨닫게 되었습니다.

그것은 다음 그림과 같이 양손을 키보드의 테두리 양 옆에 두는 것입니다.

구체적으로는 왼손을 Alt 와 Tab, 오른손을 「방향」 키 혹은 Ctrl 과 Enter 의 위치에 두면, 다양한 상황에 유연하게 대응할 수 있습니다.

흔히 왼손의 검지를 F 에 오른손의 검지를 J 에 두면 타이핑 속도가 빨라진다고 하는데, 이것은 어디까지나 「타이핑」을 할 때 이야기입니다. 업무는 타이핑 이외에도 다양한 기능을 사용해야 하므로 제가 소개한 손의 위치가 업무 전체의 속도를 현격히 올릴 수 있습니다.

이제부터 업무 속도를 높이기 위한 단축키를 많이 소개할 예정입니다. 그런데 소개한 손 위치 방식이 기초가 되므로 꼭 기억하기 바랍니다. 물론, 입력 내용이나 조작 목적에 따라 자신만의 최적화를 할 수도 있을 것입니다.

손 위치 변경 하나로 작업 효율이 높아진다니 정말 놀라운 일입니다.

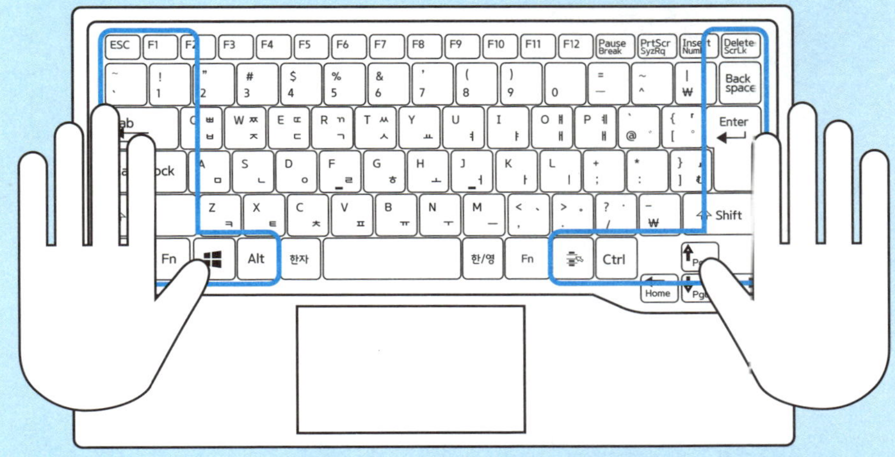

자주 사용하는 키

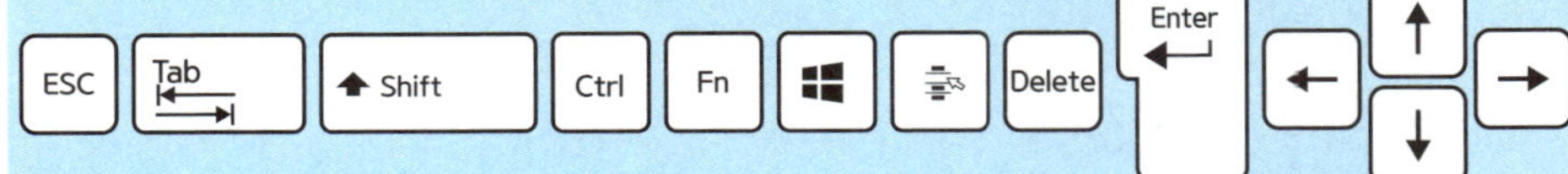

작업 표시줄에서 애플리케이션을 바로 켜기

저는 매우 성격이 급합니다. 컵라면을 끓이는 3분 정도도 기다리지 못하고, 뜨거운 물을 붓고 면이 과자처럼 딱딱한 상태로 먹어 치우고 맙니다.

이것은 PC 작업에서도 동일해서 저는 업무에 사용해야 하는 애플리케이션을 가능한 한 빨리 켜고 싶어 합니다. 그렇지만 바탕화면은 깨끗이 해두고 싶기 때문에 가장 사용 빈도가 높은 애플리케이션의 아이콘을 작업 표시줄에 두고 있습니다.

작업 표시줄은 일반적으로 윈도우 화면의 가장 아래에 있는 시작 버튼이나 아이콘 등이 표시되고 있는 홀쭉한 스페이스를 말합니다.

여기에 아이콘을 표시하는 방법은 간단합니다. 애플리케이션의 바로가기를 작업 표시줄의 적당한 장소에 드래그 앤드 드롭하면 됩니다.

이것을 사용해 애플리케이션을 바로 켜는 방법은 두 가지입니다.

하나는 ⊞ 키와 왼쪽에서부터의 순번에 해당하는 키를 조합해서 켜는 방법입니다. 예로, 제 PC의 작업 표시줄에서 가장 왼쪽에 놓인 애플리케이션을 켤 때는 ⊞ 키와 숫자와 1을 동시에 누르면 바로 켤 수 있습니다.

다른 하나는 ⊞ 키와 ← → 방향키를 조합해 켜는 방법입니다. 이 경우,

⊞ 키와 T를 동시에 누른 후 ← → 방향키로 원하는 애플리케이션을 선택하여 기동시킵니다.

작업 표시줄에서의 순서가 왼쪽에서부터 10을 넘는 경우나 복수의 파일이나 폴더가 열려 있는 경우에는 ⊞ + T를 사용하는 것이 더 편리합니다. 덧붙여서 저는 작업 표시줄의 왼쪽에서부터 메모장, 브라우저, 캡처 도구, Google드라이브, 회계 소프트웨어 등을 등록해 두었습니다(그림에서 보듯 역자는 MS워드, 프레젠테이션, 엑셀, 폴더 등의 순임).

애플리케이션을 작업표시줄에 등록

설정 방법

- 애플리케이션의 단축키를 작업표시줄의 원하는 위치에 드래그 앤드 드롭

동작 순서

- 숫자 키로 지정하는 방법 ▶ ⊞ + (작업표시줄에서의 번호)

- 좌우방향 키로 지정하는 방법 ▶ ⊞ + T ▶ ← →

> 10번째까지 숫자 키로 지정 가능

> 11번째부터는 좌우방향키로 지정 가능

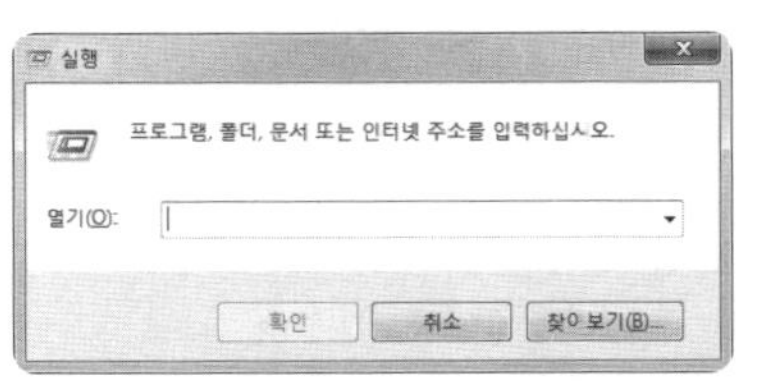

Tip

⊞ + R 키를 누르면 「실행」 대화상자가 실행되며, 여기에서 애플리케이션 실행 명령을 입력하여 바로 실행할 수 있습니다.

자주 사용하는 애플리케이션을 바로 시작한다

앞에서 말한 작업 표시줄에 자주 사용하는 애플리케이션의 바로가기 아이콘을 두는 방법도 매우 편리하지만, 10개 이상일 때는 숫자 키를 사용해서 바로 켤 수 없습니다.

그래서 저는 작업 표시줄에는 바로가기를 10개만 두고 있습니다.

그러나 일상적으로 사용하는 애플리케이션이나 파일이 10개 이상인 사람도 많습니다. 그러한 이유로 이번에 소개하는 것은 작업 표시줄에 두지 못했던 애플리케이션을 Windows OS 고유의 「런처(launcher) 기능」을 사용해 기동시키는 방법입니다.

런처 기능이란, 애플리케이션의 바로가기 키로 관리하는 기능입니다. 실은 이 기능을 사용하면 자신만의 바로가기 키를 만들 수 있습니다.

방법은 간단합니다.

시작 메뉴에 바로가기 키를 만들고 싶은 애플리케이션의 아이콘을 우클릭한 후 속성을 엽니다. 거기서 「바로가기 키」란에 원하는 문자를 등록하면 완료입니다.

이 단순한 작업이 끝난 순간부터 Ctrl + Alt 와 등록한 문자를 함께 누르는 것만으로 사용하려는 애플리케이션이 순간적으로 기동하게 됩니다.

덧붙이자면 등록시키는 문자는 가능한 한 기억하기 쉽도록 하는 것이 좋습니다. 저는 엑셀은 「E」, 워드는 「W」처럼 애플리케이션의 머리글자를 사용하고 있습니다. 물론, Microsoft Office만이 아니고 메모장이나 브라우저 등 일상적으로 사용하는 모든 애플리케이션을 등록해 두었습니다.

시간도 수고도 돈도 들지 않는 간단한 작업으로, 업무 효율이 크게 향상되므로 꼭 시험해 보세요.

나만의 단축키 지정 방법

시작 ▶ 모든 프로그램 ▶ 단축키로 한 번에 실행시키고 싶은 애플리케이션을 우클릭 ▶ 속성 ▶
단축키(K)에 원하는 영어 문자 한 개를 입력

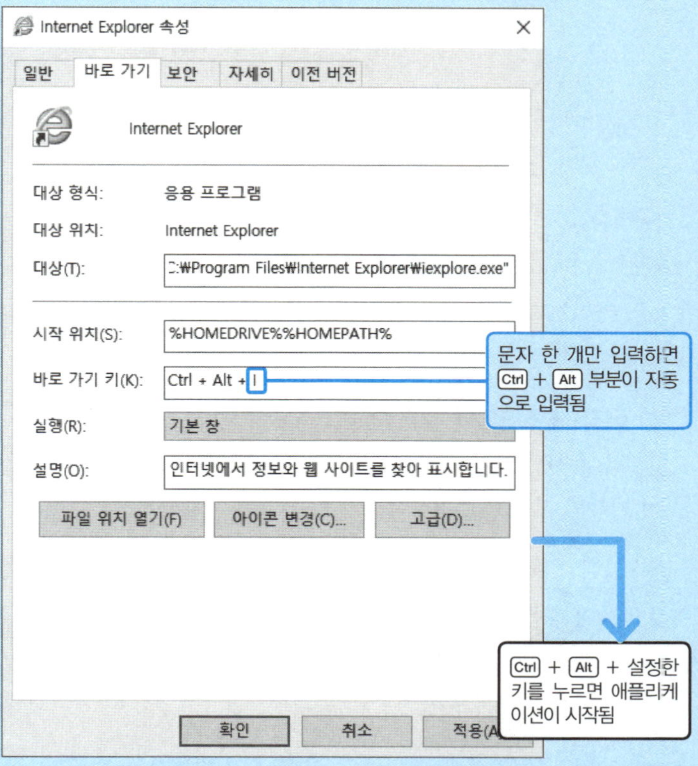

가끔 사용하는 프로그램은 시작 메뉴에서 선택해 기동한다

매일 사용하는 것은 아니지만 가끔 사용하고 싶은 애플리케이션이나 설정 기능이 있을 것입니다.

그런데 가끔씩만 사용하기 때문에 사용하려고 할 때마다 어디서 기동을 시켰는지 잊어버려서 찾는 데 고생하는 경우가 있을 것입니다. 혹은 작업 표시줄에 바로가기를 둘 만큼은 아니고 런처 기능으로 바로가기 키를 설정해도 빈번히 사용하지 않기 때문에 등록한 알파벳을 잊어버리는 경우도 있을 것입니다.

그럴 때 원하는 애플리케이션이나 설정 기능을 재빨리 기동시키기 위해서 「시작 메뉴」로부터 선택하는 방법을 추천합니다. 시작 메뉴라고 하면 당연한 것 같아서 시시한 느낌이 들지만, 실제로는 이 기능이 상당히 편리합니다.

시작 메뉴는 문자 그대로 모든 PC 작업의 시발점이 됩니다. 어떠한 상태에서도 「Windows」키를 누르면 시작 메뉴가 순간적으로 열리며, 그 후 방향키로 애플리케이션이나 설정 기능을 선택할 수 있습니다. 또한, 아이콘뿐만이 아니라 애플리케이션 이름도 함께 표시되기 때문에 빈번히 사용하지는 않지만 정기적으로 필요한 애플리케이션을 넣어 두기에 최적입니다.

애플리케이션이나 그 외 기능 등은 이외에도 여러 가지 방법으로 기동할 수 있지만, 여기까지 소개한 「작업 표시줄」, 「런처 기능」, 「시작 메뉴」에 집중시키는 편이 효율적입니다.

이 기능들을 잘 다루게 되면 PC를 사용하는 데 헤매거나 망설이는 일이 없어져 작업이 현저히 빨라집니다. 또, 결과적으로 마우스를 사용하지 않게 되어 시간이 줄어들어 빠른 업무 수행이 가능해집니다.

덧붙여서 Windows 8의 탄생 이후, 시작 메뉴는 폐지되었다가 부활되는 등 불안정한 모습이지만, 208페이지에 설명하는 「Classic Shell」이라는 무료 소프트웨어를 사용하면 다음 페이지의 그림과 같은 Windows XP나 Windows7의 익숙한 화면으로 설정할 수 있으므로 추천합니다.

시작 메뉴의 활용법

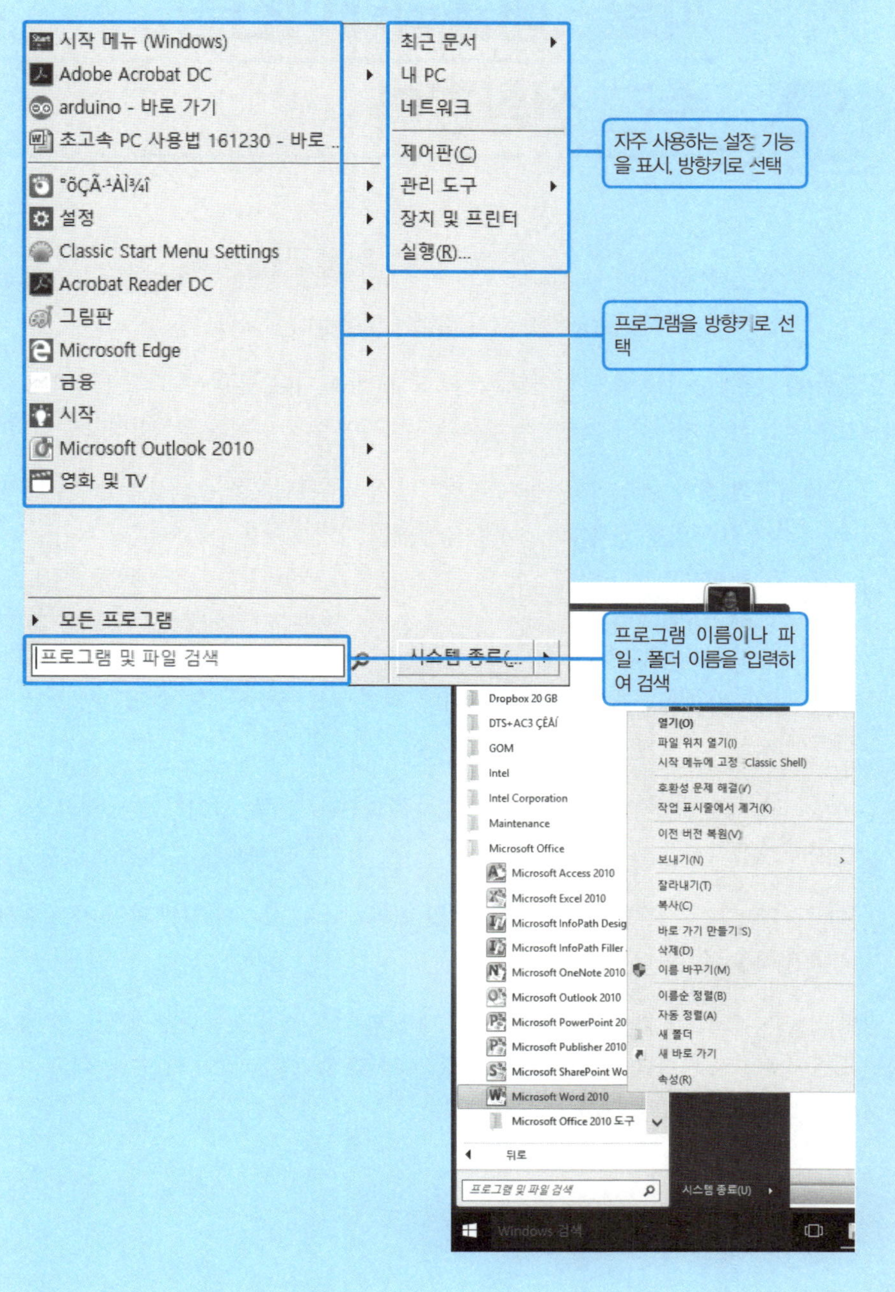

시작 메뉴 (Windows)
Adobe Acrobat DC
arduino - 바로 가기
초고속 PC 사용법 161230 - 바로 ..
ºÕÇÃ·¹ÀÌ¾î
설정
Classic Start Menu Settings
Acrobat Reader DC
그림판
Microsoft Edge
금융
시작
Microsoft Outlook 2010
영화 및 TV
모든 프로그램
프로그램 및 파일 검색
시스템 종료(
최근 문서
내 PC
네트워크
제어판(C)
관리 도구
장치 및 프린터
실행(R)...
자주 사용하는 설정 기능을 표시, 방향키로 선택
프로그램을 방향키로 선택
프로그램 이름이나 파일·폴더 이름을 입력하여 검색
Dropbox 20 GB
DTS+AC3 ÇÊÁ¦
GOM
Intel
Intel Corporation
Maintenance
Microsoft Office
Microsoft Access 2010
Microsoft Excel 2010
Microsoft InfoPath Desig
Microsoft InfoPath Filler
Microsoft OneNote 2010
Microsoft Outlook 2010
Microsoft PowerPoint 20
Microsoft Publisher 2010
Microsoft SharePoint Wo
Microsoft Word 2010
Microsoft Office 2010 도구
뒤로
프로그램 및 파일 검색
시스템 종료(U)
열기(O)
파일 위치 열기(I)
시작 메뉴에 고정 (Classic Shell)
호환성 문제 해결(Y)
작업 표시줄에서 제거(K)
이전 버전 복원(V)
보내기(N)
잘라내기(T)
복사(C)
바로 가기 만들기(S)
삭제(D)
이름 바꾸기(M)
이름순 정렬(B)
자동 정렬(A)
새 폴더
새 바로 가기
속성(R)
Windows 검색

동시에 열려 있는 복수의 파일 · 애플리케이션을 순간 전환한다

몰입하여 일을 하다가 정신을 차리고 보면 너무 많은 애플리케이션이나 파일을 열어 놓고 있어서 필요한 화면을 찾는 것도 일이 되어 버리는 경우가 많습니다.

이러한 환경에서는 집중력도 떨어지고 실수도 하게 됩니다. 일하는 도중에 갑자기 다른 업무가 생겨서 잠시 처리하고, 하던 작업을 다시 하려면 이전 단계를 잊어버리기도 합니다.

그럴 때 유용한 것이 단축키를 사용해 파일이나 애플리케이션을 순간적으로 바꾸는 방법입니다. 여러 개의 파일을 동시에 사용하는 경우에는 기억해 두면 좋은 비결입니다.

대표적인 단축키는 다음의 세 개입니다.

① Alt + Tab : 선택 가능한 화면이 나타나면 Alt 를 누른 채로 Tab 을 반복해서 눌러 원하는 파일이나 애플리케이션을 선택합니다. 화면을 보면서 확인할 수 있어서 알기 쉽기 때문에 저도 자주 사용합니다.

② Alt + Esc : 선택 화면을 나타내지 않고 직접 화면을 바꾸는 방법입니다. 열려 있는 파일이나 애플리케이션의 수가 적으면 Alt + Tab 보다 더 빠르게 전환할 수 있습니다.

③ Ctrl + F6 : 동일 애플리케이션 간에서만 변환됩니다. 복수의 엑셀 파일 간 전환하는 경우에 매우 편리합니다.

이런 기술을 필요한 순간에 적절히 쓸 수 있게 되면 업무 효율 상승과 함께 필요한 정보를 화면에서 바로 바로 확인할 수 있습니다. 그리고 종이로 출력할 필요가 자연스럽게 줄어들어 종이 없는 환경 조성에도 도움이 됩니다.

① 선택할 수 있는 파일·애플리케이션을 화면에 표시

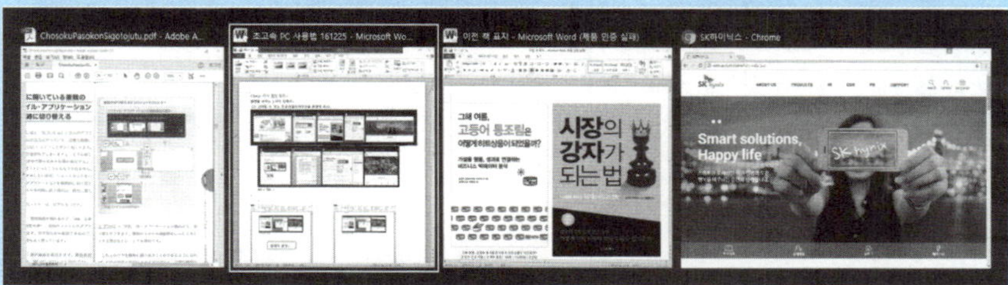

Alt + Tab

Alt + ESC

현재의 화면

② 선택 화면 없이 변경

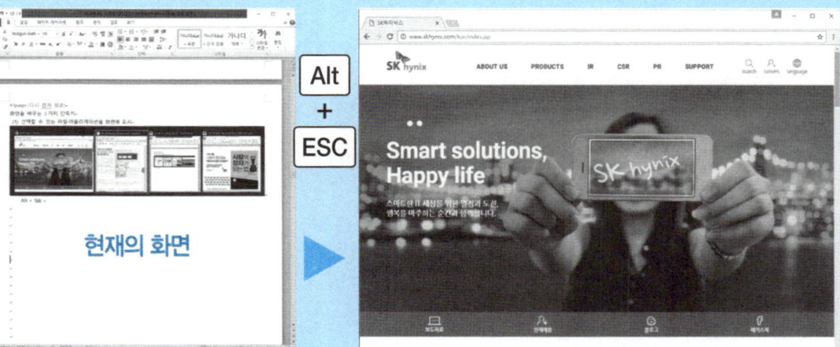

Ctrl + F6

③ 같은 종류의 애플리케이션 간 변환

마우스를 사용하지 않고 윈도우를 자유자재로 움직인다

여러분은 화면 위의 윈도우를 움직이고 싶을 때 어떻게 합니까? "마우스를 사용해 드래그한다"라는 사람이 대부분이라고 생각합니다. 그러나 윈도우는 키보드 조작으로 이동시킬 수도 있습니다.

예를 들어, **어떠한 윈도우라도 열려 있는 상태에서 ⊞ 키와 ← 방향키 또는 → 방향키를 누르면 윈도우가 화면의 좌우 구석에 척하고 옮겨집니다.**

이 기술은 두 개의 파일을 동시에 비교하면서 작업하고 싶을 때 매우 편리합니다.

보다 정밀하게 움직이고 싶다면 현재 크기(최대화되어 있지 않은 상태)에서 Alt + Space → M 를 누릅니다. 그러면 윈도우 상부에 십자 모양 화살표 마크가 표시되고, 「방향키」로 자유롭게 이동시킬 수 있게 됩니다. 원하는 위치로 이동시킨 후 Enter 를 눌러 이동을 완료합니다.

이것은 마우스로 창을 이동시키는 것보다 약간의 미세 조정을 실시하는 경우에 편리합니다. 이에 더해 키보드로 윈도우 크기도 변경할 수도 있습니다. **최대화하려면 원래의 크기 상태에서 ⊞ 키 + ↑ 방향키, 최소화하려면 ⊞ 키 + ↓ 방향키를 누릅니다.**

윈도우의 크기를 세밀하게 변경하고 싶은 경우에는 Alt + Space → S 를 누르면 중앙에 화살표 마크가 나타나고, 방향키로 크기를 변경할 수 있게 됩니다.

그 외 ⊞ 키 + Home 키를 누르면 작업 중의 윈도우(맨 앞면) 이외 모든 것을 일제히 최소화할 수 있습니다. 많은 애플리케이션이 열려 있는 상태에서 실행하면 불필요한 윈도우가 순간적으로 태스크 트레이(task tray)에 들어가므로 진행 중인 작업에 집중할 수 있게 됩니다.

■ ⊞ 키와 방향키의 조합은 윈도우 버전에 따라 다른 효과를 나타냅니다.

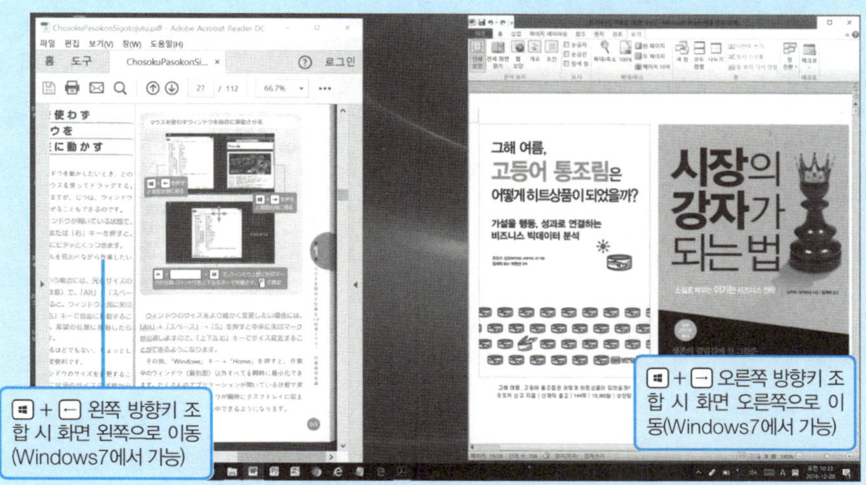
⊞ + ← 왼쪽 방향키 조
합 시 화면 왼쪽으로 이동
(Windows7에서 가능)
⊞ + → 오른쪽 방향키 조
합 시 화면 오른쪽으로 이
동(Windows7에서 가능)

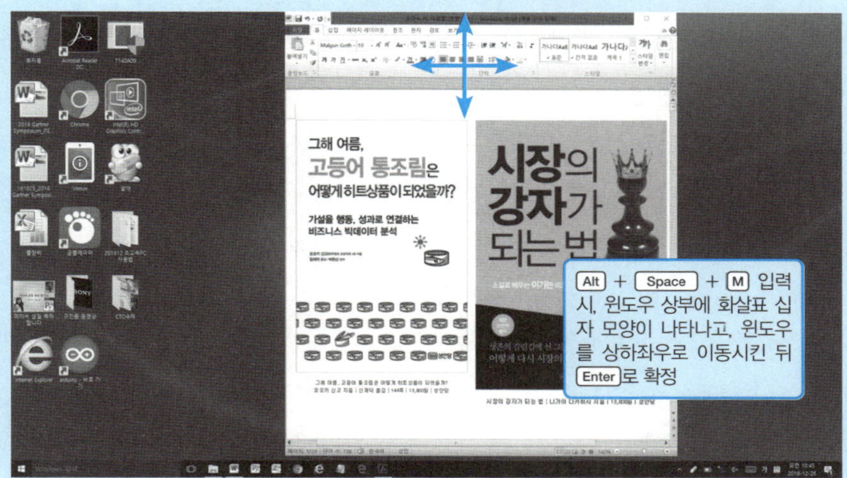
Alt + Space + M 입력
시, 윈도우 상부에 화살표 십
자 모양이 나타나고, 윈도우
를 상하좌우로 이동시킨 뒤
Enter 로 확정

파일의 저장 장소는 「패스(경로)」로 공유한다

"그 자료가 서버의 어디에 있었지?"

"○○폴더 속에 있는 △△에 들어가 있습니다!"

그룹웨어가 발달했다고는 해도 많은 직장에서 아직 볼 수 있는 광경이라고 생각합니다.

이러한 대화를 보다 스마트하게 하려면 "\\main\marketing\에 들어가 있습니다!" 라고 구체적인 파일이나 폴더의 「패스(보존 장소의 정보)」를 메일 등으로 전해 준다면 좋을 것입니다(일반적으로 패스는 인터넷 브라우저 화면 상부의 주소 바에 표시됩니다).

패스를 복사할 때는 폴더가 열려 있는 상태로 Alt + D 를 눌러 주소 바에 커서를 이동시켜 Ctrl + C 를 누릅니다.

⊞ 키 + R 를 누르면 「실행」이 열리므로, 거기에 패스를 Ctrl + V 로 붙이고(타이핑해서 입력해도 OK), 「확인」을 누르면 단숨에 해당 폴더가 열립니다.

이 「실행」 기능은 파일이나 폴더 외에도 웹사이트나 프로그램을 직접 기동시킬 수도 있어 매우 편리합니다. 또, ⊞ 키로 기동하는 시작 메뉴의 「프로그램 및 파일 검색」 기능을 사용할 수도 있습니다(Classic Shell 사용을 전제).

패스나 애플리케이션의 이력에서 선택하는 경우는 「실행」, 애플리케이션이나 폴더의 이름으로 검색하는 경우에는 「프로그램 및 파일 검색」으로 구분하여 사용하는 것을 권합니다.

경로를 지정하여 폴더 열기

파일 이름을 지정하여 실행 ▶ ⊞ + R 으로 열기

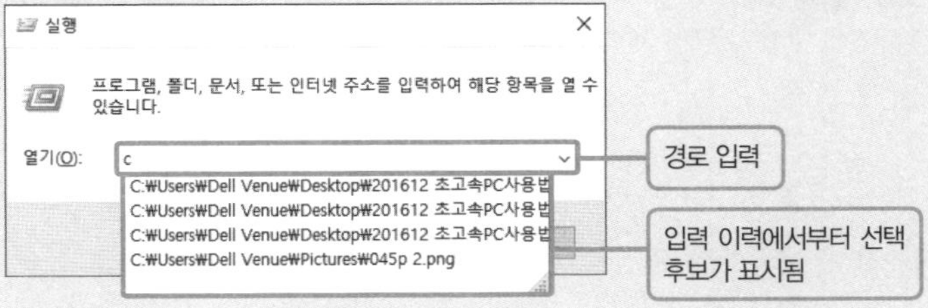

경로 입력

입력 이력에서부터 선택
후보가 표시됨

프로그램과 파일의 검색 ▶ ⊞ 로 열기

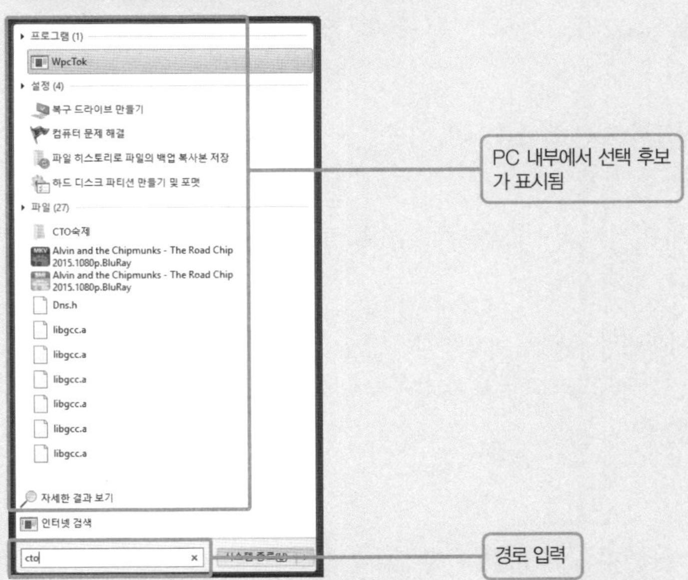

PC 내부에서 선택 후보
가 표시됨

경로 입력

키보드로 우클릭 조작을 실행한다

마우스를 사용하지 않고 모든 조작을 키보드로만 하려고 할 경우 문제가 되는 것이 우클릭입니다.

그런데 사실은 이 조작도 키보드로 할 수 있습니다. 바로 🖰 키를 사용하는 방법입니다.

PC나 키보드의 기종에 따라서 없는 경우도 있지만, 대부분의 경우 **키보드 오른쪽 아래 근처에 있습니다(사각형 속에 가로선이 세 개 들어간 디자인도 있습니다). 이것을 누르면 우클릭과 같은 기능을 사용할 수 있습니다.**

또한, Shift 를 누른 채로 🖰 키를 누르면 일반적인 우클릭 기능에 더해 몇 개의 추가 기능도 사용할 수 있습니다.

특히, 파일이나 폴더를 선택한 상태로 이렇게 조작하면「경로로 복사(A)」라는 기능을 사용할 수 있어 매우 편리합니다.

「경로로 복사」란, 파일이나 폴더의 패스를 나타내는 문자열을 마우스를 사용하지 않고 복사하는 기능입니다. 그 후 Ctrl + V 로 메일 등에 붙일 수 있습니다.

사용하는 PC에 🖰 키가 없는 경우에는 Shift 와 F10 를 누르면 같은 기능을 사용할 수 있습니다.

이 기능은 애플리케이션이나 바탕화면에서는 물론이고 파일이나 폴더를 취급할 때에 몹시 편리하므로 꼭 기억해 주십시오.

덧붙여서, 이 책에서「우클릭」이라고 표기한 것은 모두 🖰 키로 조작할 수 있습니다.

키보드로 우클릭 조작을 사용하는 방법

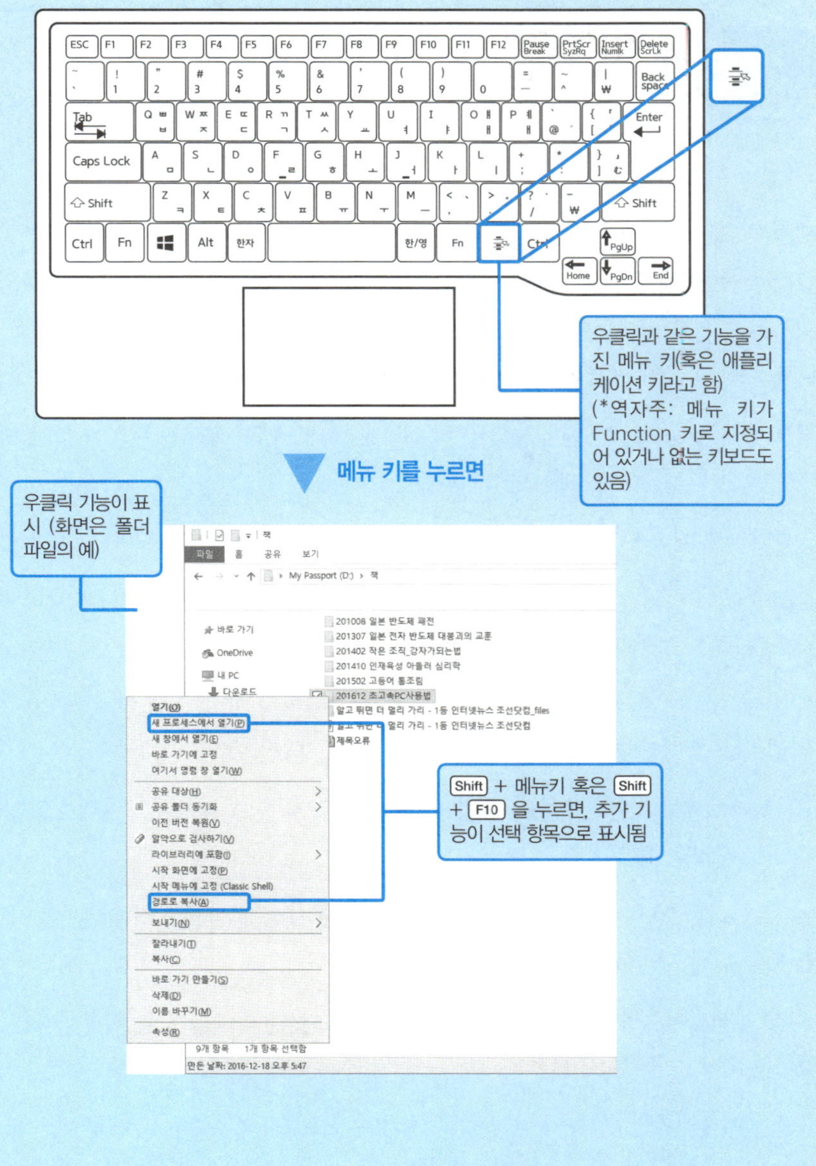

전원을 끄지 않고, 0.1초 만에 PC를 잠근다

휴식 시간이나 화장실 등으로 자리를 비울 때, PC 화면을 켠 채로 가는 사람도 많습니다.

화면에 있는 「계좌 정보」나 「인사 정보」 등 중요한 정보를 아무나 들여다볼 수 있는 상태로 방치하는 경우도 있습니다. 거래처 등 외부인이 방문 시에 우연히 그러한 장면을 보기라도 한다면 해당 회사의 전체적인 보안 상황을 의심받을 수 있습니다.

정보 범죄는 앞으로 더욱더 많아질 것으로 예상되므로 "이 정도는 괜찮아"라는 생각보다는 철저한 보안 의식을 갖는 것이 좋습니다.

그렇더라도 매번 PC를 끈다면 시간이 너무 오래 걸립니다.

"디스플레이 전원만 끄거나, sleep 모드로 하면 되는 건 아닌가?"라고 생각하는 사람도 있을지도 모르겠지만, 이것으로는 안전하다고 말할 수 없습니다.

이럴 때 편리한 것이 컴퓨터의 「잠금」 기능입니다. 이것은 「로그 오프」나 「절전」 상태와 달리 작업 내용을 중단하지 않고 단지 화면을 잠그는 기능입니다.

⊞ 키 + L 을 누르는 것만으로 순간에 화면을 잠글 수 있고 로그온 패스워드를 입력하여 원래 상태로 작업을 재개할 수 있습니다.

특히, 도중에 중단할 수 없는 중요 데이터의 백업, 메일의 일괄 송신 시 등, 장시간에 걸친 작업 도중 잠시 자리를 비우는 경우에 몹시 편리합니다.

또, 프레젠테이션의 개시 대기나 준비 동안 등 적절한 타이밍에 잘 사용한다면 청중에게 스마트한 인상을 줄 수 있습니다.

간단한 기술이지만, 상황에 따라 여러 가지 용도로 사용할 수 있으니 꼭 비즈니스에서 활용하길 바랍니다.

컴퓨터를 잠그는 방법

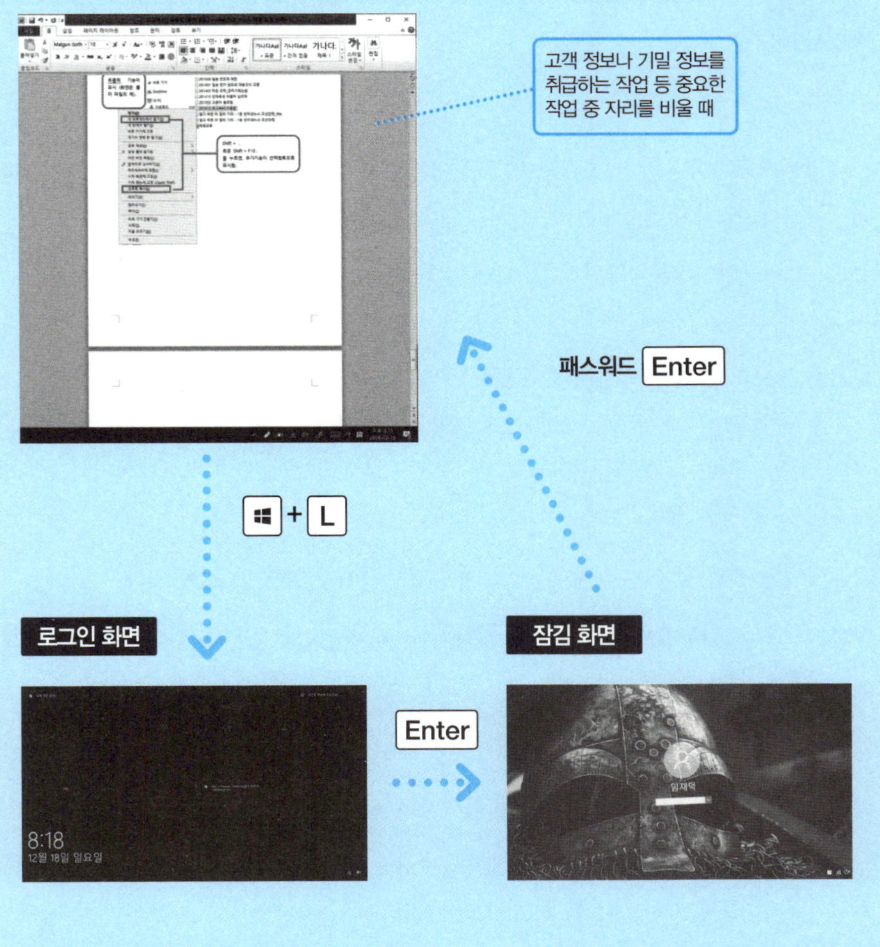

Tip

화면 보호기를 설정하는 경우 보안을 위해 「다시 시작할 때 로그온 화면 표시」에 체크를 해두는 것이 좋습니다.

지금 보고 있는 화면을 그대로 복사한다

상대방에게 PC 화면을 그대로 보여 주면 쉽게 설명할 수 있을 텐데, 메일이나 전화로는 원활한 의사소통이 되지 않아 곤란했던 경험은 없나요?

그럴 때 추천하고 싶은 것이 지금 여러분이 보고 있는 PC 화면을 그대로 복사하는 기술입니다.

복사하고 싶은 화면을 연 상태로 PrtScrn 키를 누르면 PC 화면 전체가 복사된 상태가 됩니다. 그 후 파워포인트 등 오피스 소프트웨어에 붙이면 됩니다. 만약 파일로서 보존해 사용하고 싶을 때는 이미지 위에 커서를 놓고, 우클릭을 해서 「그림으로 저장」을 선택하고 저장 경로와 이름을 지정한 후에 「저장」 버튼을 누릅니다.

컴퓨터에 문제가 있을 때 현재 화면 상태를 전문가에게 알릴 때 등에도 매우 편리합니다.

덧붙여서 같은 상황에서 Alt + PrtScrn 을 누르면 가장 앞에 있는 윈도우만 복사됩니다.

예를 들어, 복수의 애플리케이션을 열고 있을 때 가장 앞의 폴더 화면만 사용하고 싶은 경우에 적합합니다. PC 화면에 게재된 매뉴얼을 작성할 때에도 사용됩니다.

여기서, 화면에서 필요 부분만 잘라내 복사하고 싶은 경우에는 「캡처 도구」를 추천합니다.

⊞ 키 + R 로 「실행」을 기동시킨 후 「snippingtool」이라고 입력 후 확인을 누릅니다. 애플리케이션 위의 「새로 만들기」를 누르면 화면 전체가 안개가 낀 상태로 보이며, 복사하고 싶은 부분만 드래그 조작으로 잘라 내어 선택할 수 있습니다.

앞의 두 가지 방법보다는 해상도가 떨어지지만, 필요 용량도 작고 간편하게 부분 복사를 할 수 있으므로 다른 사람에게 전달하거나 간단한 설명 자료 작성 등에 적합합니다.

자료 작성을 많이 하는 독자는 작업 표시줄에 바로가기를 등록해 두는 것을 추천합니다.

지금 보고 있는 화면을 그대로 복사하는 방법

PC 전체 화면을 복사 ▶ Prt Scrn

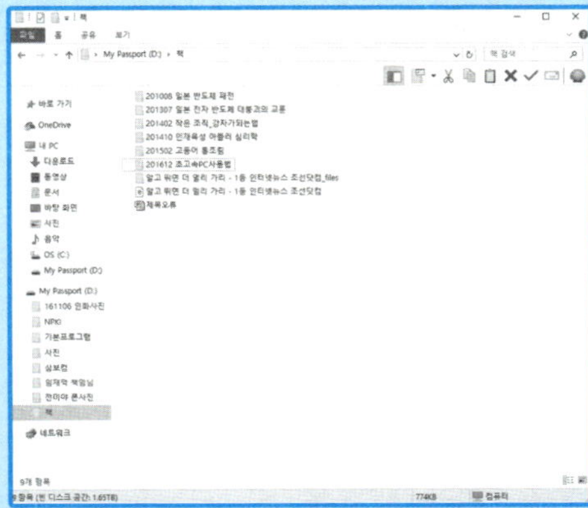

Alt + Prt Scrn 으로
가장 앞에 있는 Window만 복사

필요한 부분만 잘라서 복사

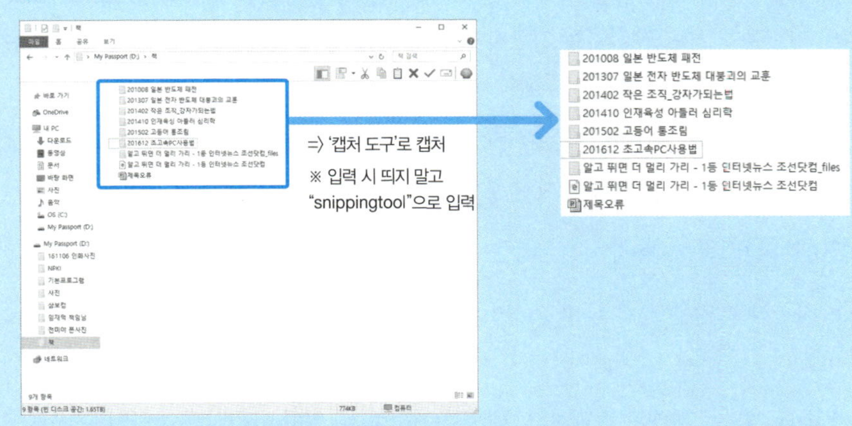

⇒ '캡처 도구'로 캡처

※ 입력 시 띄지 말고
"snippingtool"으로 입력

Tip

「snippingtool」 입력 대신 「캡처 도구」를 입력해도 됩니다.

업무 중 머리가 복잡해지지 않게 하는 「바탕화면」 사용법

PC 안 여러 장소에 저장된 파일을 사용하는 도중에 어떤 것이 어느 파일이었는지 모르게 되는 경우가 있습니다.

또, 작성한 파일을 디폴트로 지정된 장소에 보존한 후 어디에 갔는지 모르게 되는 경우가 많습니다. 이러한 문제가 생기면 업무 몰입도가 떨어집니다. **이러한 혼란을 막고 효율적으로 일을 처리하기 위해서는 지금 필요한 파일을 바탕화면에 「일시 보존」하는 방법을 추천합니다.**

바탕화면에 집약해 두면 복수의 애플리케이션이 열려 있는 상태에서도 필요한 파일을 곧바로 찾아낼 수 있기 때문입니다.

저는 평소에 해당 기간 동안 업무에 필요한 파일만을 바탕화면에 일시적으로 보존시키고, 그 외의 파일은 바탕화면에 일절 저장시켜 놓지 않습니다. 이렇게 하면 지금 자신이 무엇을 하고 있는지 지금부터 무엇에 집중해야 하는가를 한번에 파악할 수 있게 됩니다.

혼란스러운 상황이 생기면 바탕화면에서 현재 상황을 확인하는 버릇을 붙이면 작업 중 혼동되는 것이 없어져 작업 효율이 크게 오릅니다.

덧붙여서 ⊞ 키와 D 를 동시에 누르면 즉각적으로 바탕화면을 열 수 있습니다.

저는 지금까지 많은 사람의 바탕화면을 보았는데, 바탕화면의 사용법은 사람에 따라 다양합니다.

누가 봐도 알도록 제대로 관리하고 있는 사람이 있는 한편, 이런저런 파일이나 애플리케이션의 바로가기를 두어 스스로 혼란스러워 하는 사람도 많습니다.

"바탕화면을 보면 그 사람의 업무 스타일이나 생산성을 알 수 있다"라고 해도 과언이 아닙니다.

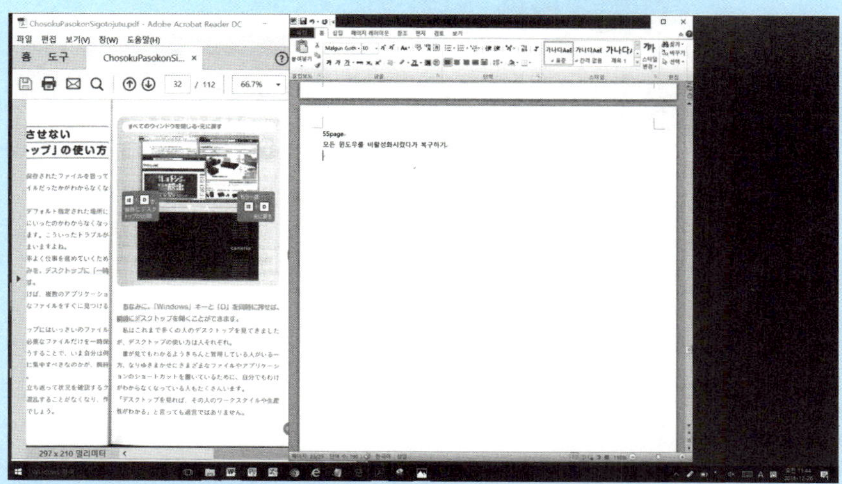

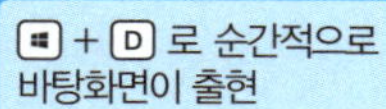
⊞ + D 로 순간적으로
바탕화면이 출현

⊞ + D 로 원상복구

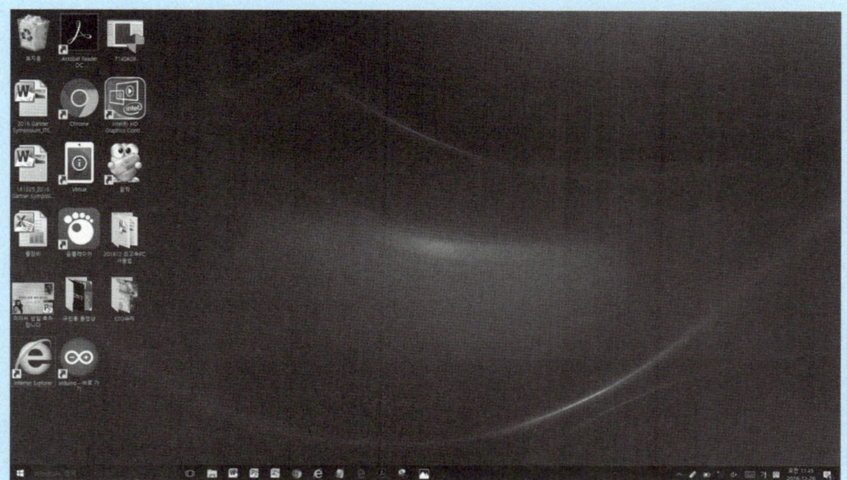

폴더의 내용을 버튼 하나로 항상 최신으로 유지

"어라, 파일이 보이지 않네!"

"이상하네, 어떻게 된 일이지?"

사무실에서는 가끔 사소한 소란이 일어납니다. 이러한 경우에는 대부분 파일을 사용하는 측이 폴더 새로 고침을 실시하면 해결되는 경우가 대부분입니다.

새로 고침을 하는 방법은 간단히 Ctrl + R 또는 F5 를 누르면 됩니다.

새로 고침을 하면 폴더의 우선 항목 규칙에 따라서 파일 정렬 순서가 바뀌며 최신 상태가 됩니다.

이 조작은 폴더에서뿐만 아니라 브라우저에도 적용되므로 저도 자주 쓰고 있습니다. 그렇지만 PC 조작에 익숙한 저조차 가끔 새로 고침을 하는 것을 잊을 때가 있습니다.

오카다: 저기 A씨, 부탁했던 웹페이지가 아직 수정되지 않은 것 같은데……

A씨: 오카다 씨 페이지 새로 고침 해보세요!

오카다: (Ctrl + R 로 브라우저를 새로 고침)

오카다: 아, 미안, 제대로 수정되었네!

이러한 일도 자주 있기 때문에 평소 항상 의식할 필요가 있습니다.

이러한 실수를 줄이기만 해도 여러분의 업무 효율이 크게 개선됩니다. 성실하게 폴더나 브라우저 페이지를 새로 고침 하는 것을 의식하며 업무에 임해 주세요.

폴더 내용이나 인터넷브라우저의 내용을 최신으로 하기

Ctrl + R or F5

폴더의 경우

우선항목을 기준에 따라
오름차순 · 내림차순으로
정리할 수 있음

새로고침을 하여 잠시 보
이지 않던 파일이나 폴더
가 출현

Web Page의 경우

새로고침에 따라, 표시되
지 않았던 수정되지 않았
던 부분이 바르게 보임

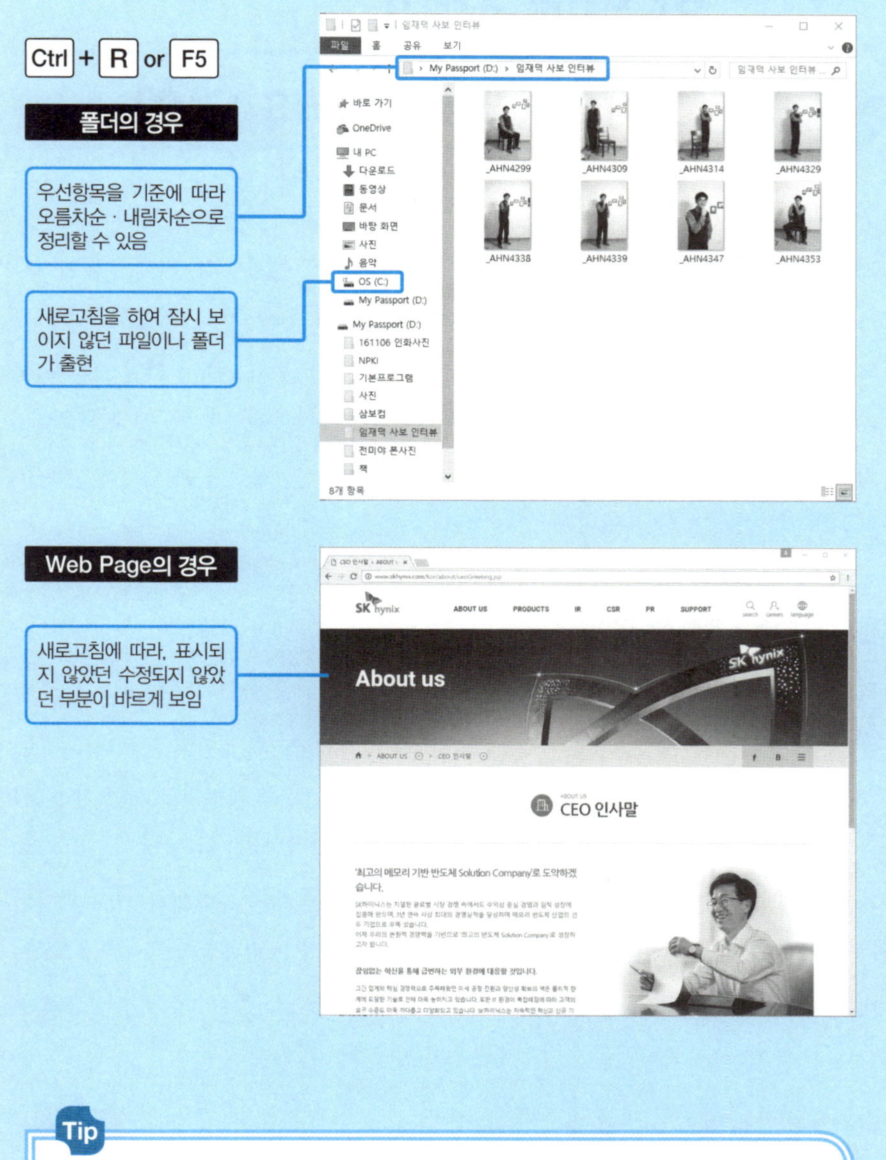

Tip

파일 탐색기나 인터넷브라우저의 「새로 고침」 ↻ 아이콘을 클릭해도 됩니다.

세세한 설정을
한 번에 완성!
편리한 「Windows 설정」

저는 보통 배낭을 메고 카페들을 이동해 가며 업무를 하고 있습니다. 카페에 들어가자마자 노트북을 여는데, 그때마다 무선 네트워크 접속 작업이 필요합니다.

무선 네트워크를 선택하기 위해서는 일반적으로 마우스를 사용해서 화면 오른쪽 아래의 태스크 트레이(task tray)의 아이콘에서 네트워크를 선택하므로, 이것이 매번 귀찮습니다.

저는 PC를 열고 가능한 한 신속하게 업무 집중 모드로 변환하고 싶기 때문에 단축키를 사용해 네트워크를 선택/접속합니다.

구체적으로는 ⊞ 키와 Ⅰ 을 누르면, 「Windows 설정」이 열리므로, 여기에서 Wi-Fi를 선택한 후 ⏎ 만 누르면 됩니다.*

익숙해지면 빠르게 할 수 있게 되어 마우스 조작 스트레스를 줄일 수 있습니다. 다만, 이것은 Windows8에 한정된 기능이므로 주의해 주십시오.

「Windows 설정」에는 무선 네트워크 접속 이외에도, 컨트롤 패널이나 개인 설정, 시스템 정보, 전원, 장치 등의 관리를 할 수 있으므로 다양한 상황에서 편리합니다.

저는 작업 효율 향상을 위해, 또 PC 조작의 스트레스로부터 해방되기 위해 브라우징이나 일부의 작업을 제외하고 항상 극단적으로 마우스를 사용하지 않도록 의식하고 있습니다.

의식하지 않고 일을 하다 보면 무심코 직감적으로 취급할 수 있는 마우스에 의지해 버리기 쉽습니다. 하지만 단축키 활용이 익숙해질수록 해방감이 커집니다.

작은 축적이 쌓여 큰 성과를 이루게 됩니다.

---

* 역자 주: 다른 버전의 Windows OS에서는 62페이지에 소개되는 바탕화면에서 Shift + Tab 2회를 누른 후 방향키로 Wi-Fi 아이콘을 선택하고 ⏎ 를 눌러 설정하는 것을 권합니다.

설정창은 ⊞ + | 로 연다

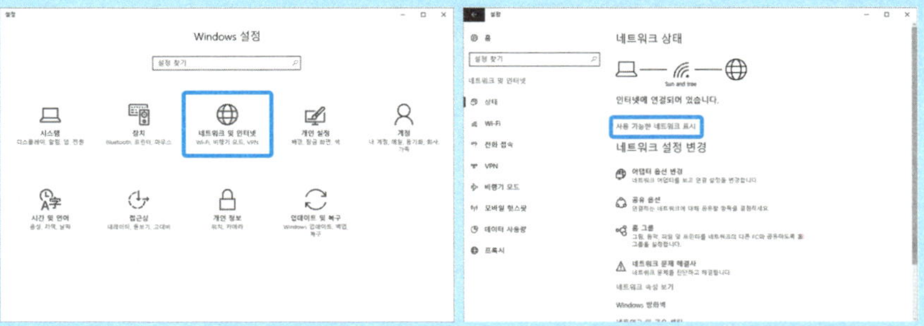

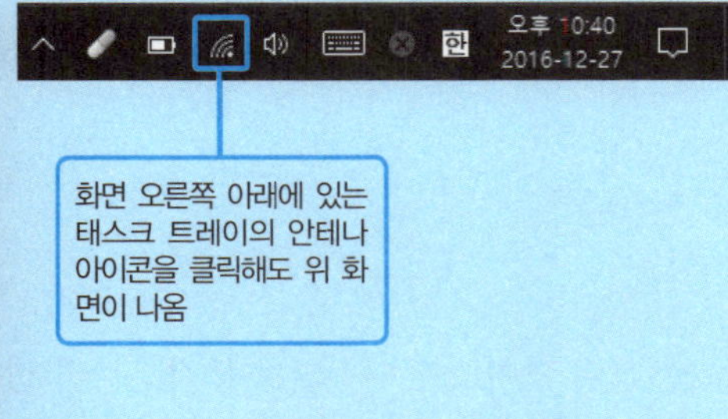

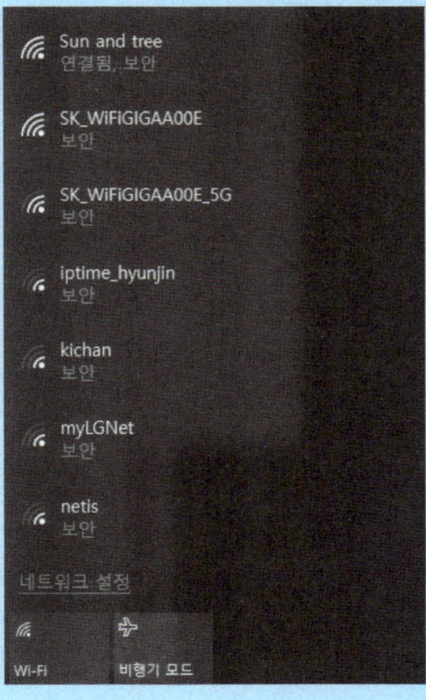

화면 오른쪽 아래에 있는 태스크 트레이의 안테나 아이콘을 클릭해도 위 화면이 나옴

바탕화면 오른쪽 아래에 있는 「태스크 트레이」를 키보드로 조작

많은 사람으로부터 "왜 오카다 씨는 그렇게나 단축키를 고집합니까?"라는 질문을 받습니다. 일반적으로 "취미입니다"라는 농담으로 대답하지만, 사실은 작업이 끊어지거나 늘어져 집중력이 약해지는 것을 피하고 싶기 때문입니다.

마우스 조작 과정은 "마우스를 손에 든다", "마우스를 조작해, 포인터를 목적의 장소까지 이동한다"라는 준비 동작이 필요해서 키보드로 직접 명령하는 속도보다는 느립니다. 아는 사람도 많겠지만, PC 바탕화면 위의 기능은 대부분 마우스를 사용하지 않고 키보드만으로 조작할 수 있습니다.

단지, 「작업 표시줄」이나 「윈도우」를 키보드로 조작하는 방법은 비교적 알려져 있지만, 「태스크 트레이」의 아이콘을 단축키로 조작하는 방법은 알려져 있지 않습니다. 「태스크 트레이」란, 화면 아래의 작업 표시줄의 오른쪽에 있는 무선 네트워크나 스피커, 전원 설정, 한글 입력 애플리케이션, 시작 프로그램(OS의 기동과 동시에 기동하는 애플리케이션)의 아이콘 등이 집약되어 있는 장소입니다.

이것을 키보드로 조작하는 방법은 간단해서 **바탕화면 화면에서 ⊞ Shift 를 누르면서 Tab 을 2회 누른 후 ← → 방향키를 사용하면 태스크 트레이 안에 있는 조작하고 싶은 기능의 아이콘을 선택할 수 있습니다.**

간단한 기술이지만, 이것을 알아 두면 바탕화면상의 조작 대부분을 키보드로 할 수 있기 때문에 업무가 보다 효율적으로 됩니다. 꼭 사용해 보십시오.

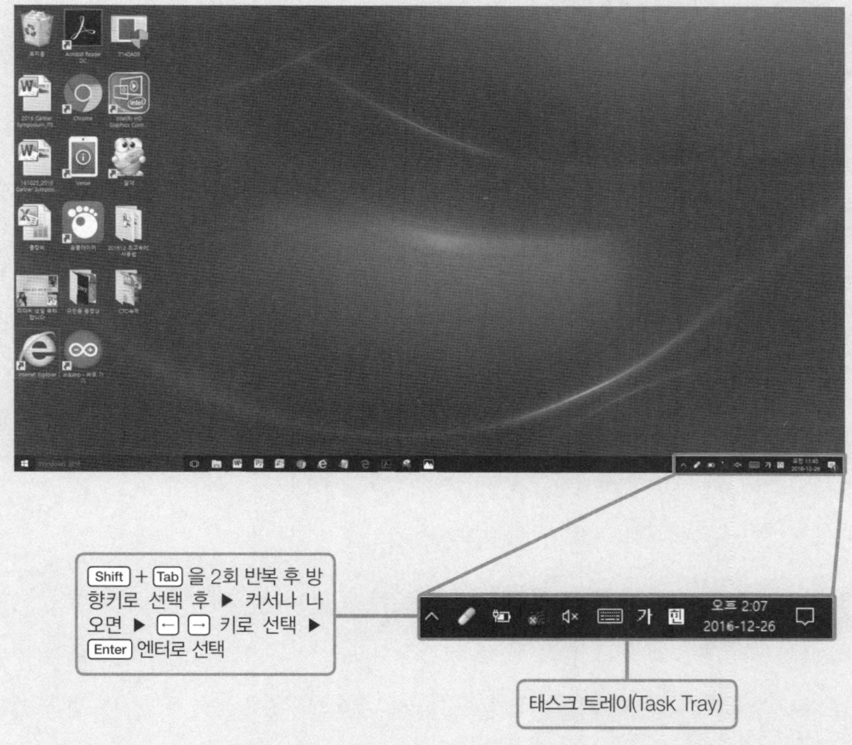

Shift + Tab 을 2회 반복 후 방
향키로 선택 후 ▶ 커서나 나
오면 ▶ ← → 키로 선택 ▶
Enter 엔터로 선택
오후 2:07
2016-12-26
태스크 트레이(Task Tray)

PC에서 파일 찾기는 파일 탐색기가 편리하다

PC로 하는 작업은 업무 문서 작성이나 표 계산만이 아닙니다. 오피스 소프트웨어를 사용한 자료 작성이나 메일, PDF 파일의 열람 혹은 사진 가공이나 영상, 음악의 편집 등을 하는 사람도 있습니다.

이와 같이 동시에 여러 가지 미디어, 파일을 열고 작업을 하다 보면 필요한 파일이 어디에 있는지 모르게 되는 경우가 있습니다.

특히, PC 조작이 서툰 사람은 이것이 큰 시간 낭비와 스트레스가 됩니다. 이런 상황에서는「파일 탐색기」를 사용해 파일을 찾는 것을 추천합니다.

파일 탐색기는 ⊞ 키 + Ｅ 를 누르면 기동됩니다.

파일 탐색기란, 간단히 말해 PC의 내용을 모두 볼 수 있으며, 자주 사용하는 폴더, 최근에 사용한 파일 등을 표시해 줍니다.

파일 탐색기에는 다운로드 파일이나 문서, 사진, 동영상, 음악 등 1개의 성과물을 작성하는 데 필요한 파일이 망라되어 들어가 있어서「계층」을 보면서 목적하는 정보를 찾을 수 있습니다. 또, 검색하기 쉬우므로 파일의 저장 장소도 찾기 편합니다.

여담입니다만, 최근에는 PC 안의 파일을「검색 기능」을 사용해 찾는 사람이 늘어나고 있는 것 같습니다.

그러나 저 개인적으로는 검색 기능은「계층」을 보여 주지 않기 때문에 정보 정리에 필요한 구조화에 대한 의식이 결여된다고 생각합니다. 즉, "검색하면 돼"라며 정리하는 습관이 없어져 버리는 것입니다. 물론, 검색 기능이 편리한 경우도 있으므로 상황에 따라 구분하여 사용하면 좋다고 생각합니다.

파일을 인터넷 익스플로러로 검색하는 방법

인터넷 익스플로러 화면 ▶ ⊞ + E 로 시작

(*역자주: 안 될 경우 익스플로러 화면의 주소 창에 "C:"를 입력)

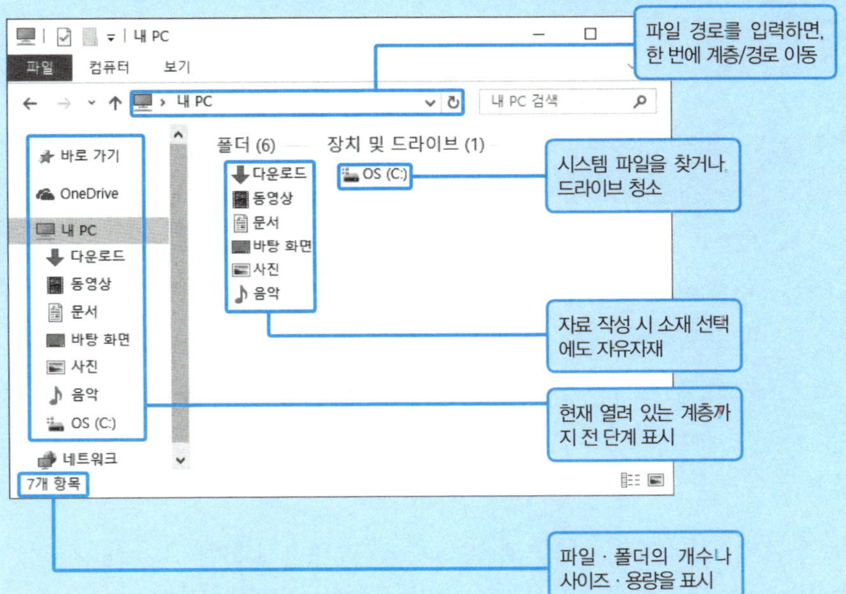

> **Tip**
>
> ### 단축키
>
> | 단축키 | 설명 | 단축키 | 설명 |
> | --- | --- | --- | --- |
> | F1 | 도움말 실행 | Ctrl + A | 모든 파일 선택 |
> | F2 | 이름 변경 | Ctrl + C | 복사 |
> | F3 | 파일 찾기 | Ctrl + X | 잘라내기 |
> | F5 | 새로 고침 | Ctrl + V | 붙여넣기 |
> | F10 | 메뉴 활성화 | Ctrl + Z | 실행취소 |
> | F11 | 창 최대/최소화 | Ctrl + N | 새 창 열기 |

단축키로 시스템 정보 보기

거의 쓸 일이 없지만, PC의 재구입 시기 검토나 다른 기기와의 성능 비교 등 자신이 사용 중인 PC의 OS나 성능 등을 확인할 필요가 가끔씩 있을 것입니다.

그럴 때, ⊞ 키 + Pause Break 를 누르면 순식간에 「시스템 정보」의 윈도우가 열려, 「Windows 버전」이나 「프로세서(CPU)의 종류」, 「설치된 메모리의 크기」 등의 시스템 관련 정보를 확인할 수 있습니다.

또, 사이드 메뉴에서는 PC를 구성하는 부품이나 주변기기를 관리하는 「장치 관리자」나 「고급 시스템 설정」을 Tab 키로 이동해 선택할 수도 있어서 저는 편리하게 잘 활용하고 있습니다.

비교적 잘 알려진 것이지만, 「시스템 정보」 윈도우가 열린 상태에서 「Backspace」 키를 누르면, Windows의 각종 설정을 실시할 수 있는 「제어판」이 열립니다.

⊞ 키 + Pause Break → Backspace 를 기억해 두면, 다른 어느 방법보다 빨리 제어판을 열 수 있습니다.

직접 관계가 없는 단축키는 무심코 잊기 쉽지만, 기억해 둔다면 문제를 미리 막거나 적절한 타이밍에 OS 업데이트를 할 수 있게 됩니다.

PC는 사람의 몸과 같아서 일상적으로 상태를 파악하여 적절하게 관리할 필요가 있습니다. 시스템 정보는 여러분의 PC가 어떠한 사양·성능인지를 파악하기 위한 가장 기본적인 정보이므로 꼭 기억해 두었으면 합니다.

시스템 정보와 제어판을 표시하기

시스템 정보 ▶ ⊞ + Pause Break 로 시작

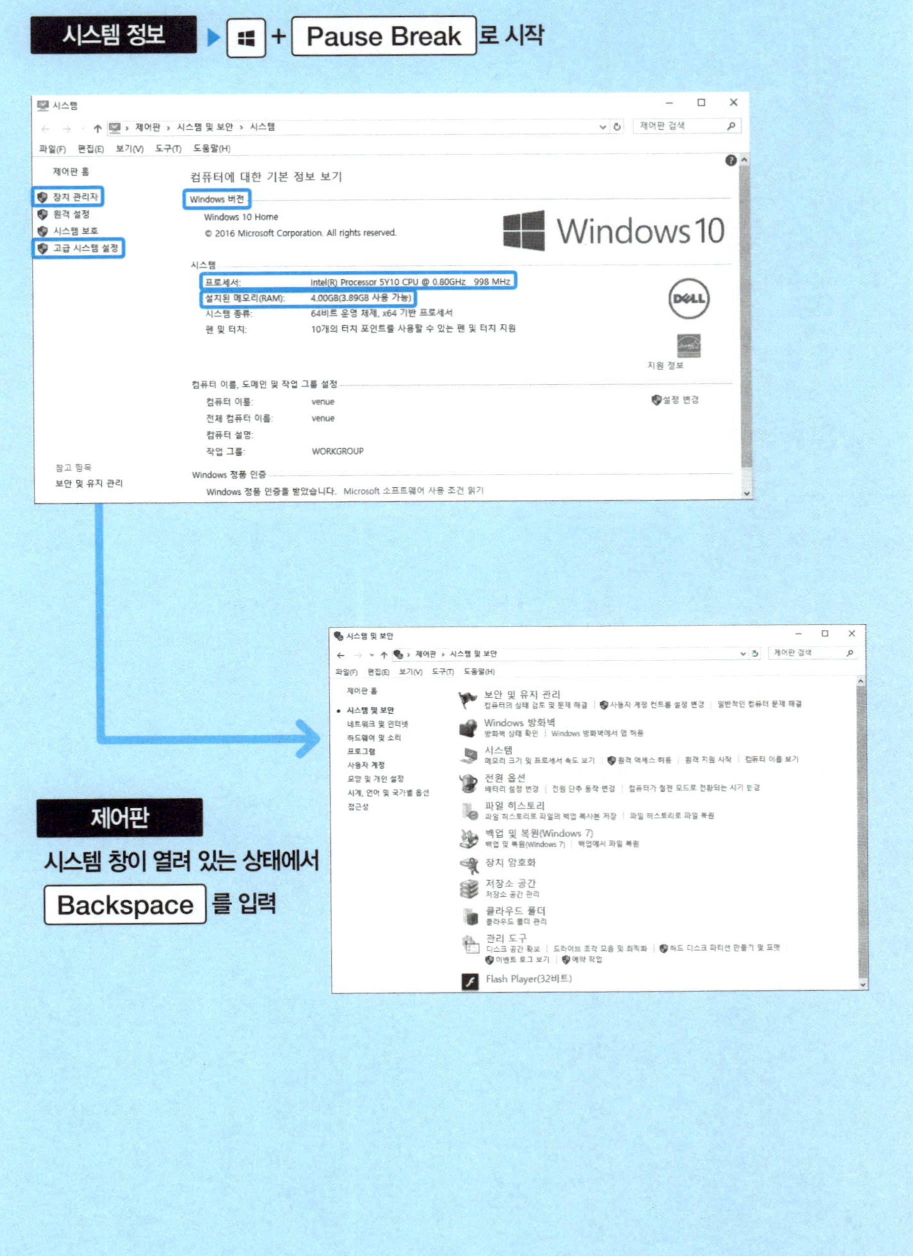

제어판

시스템 창이 열려 있는 상태에서
Backspace 를 입력

제2장

문자 입력이
놀라울 정도로
편하게 된다

문서 작성 편

업무에 PC를 활용하는 사람의 대부분은 일일 업무 보고나 제안서, 기획서, 계약서, 메일 작성 등 문서 작성에 매일 막대한 시간을 쓰고 있습니다.

이러한 작업에 걸리는 시간을 단축한다면 많은 여유 시간을 확보할 수 있습니다.

이번 장에서는 업무 중에 일본어 입력이 많은 분들에게 도움을 주고자 Windows의 일본어 입력 소프트웨어인 IME에 관련하여 노동 시간 단축 비결・편리한 기술을 중심으로 문자 입력에 드는 노력을 극적으로 줄이는 방법을 소개할 것입니다.

문서 작성이라면 「워드(MS Word)」를 떠올리는 사람도 많을 것입니다. 이번 장에서 소개하는 기술은 워드만이 아니고, 일본어를 입력해야 하는 경우 다양하게 적용할 수 있으므로 매일 매일 업무에 폭넓게 도움이 됩니다(워드에 관한 기술은 제4장에서 설명합니다).

문서 작성 시 커서를 행의 처음이나 끝으로 순간 이동한다

일반적으로 문서를 작성할 때 커서 위치의 시작점에서부터 문자를 입력해 나가지만, 문장을 수정할 때는 커서 위치 이동이 빈번히 일어납니다.

커서를 이동시키기 위해 Space 키나 ← → 를 연속으로 누르는 사람이 있지만, 이것은 시간이 많이 걸립니다.

커서 이동을 보다 스마트하게, 보다 효율적으로 실시하는 기술이 있습니다. 그것은 Home 키와 End 키를 사용하는 방법입니다.

문서 작성 시 Home 을 누르면 현재의 커서가 있는 행의 처음으로 이동하며, End 를 누르면 행의 끝으로 한 번에 이동합니다.

이들 키와 Ctrl 을 조합하면 문서의 처음 또는 문서의 맨 마지막으로 순간적으로 이동할 수 있습니다.

키보드 기종에 따라서는 Home 대신에 Fn + ← 방향키, End 대신에 Fn + → 방향키가 될 수도 있습니다.

어떻습니까? 엄청 간단하지요? 이것이 의외로 알려지지 않았습니다. 저도 신입사원 시절에 이 비결을 알았다면 조금이라도 일을 빨리 할 수 있었을 것입니다.

이것은 어떠한 애플리케이션에서도 공통적으로 사용할 수 있는 방법이므로 텍스트 입력 시의 필수 기술로 완전 마스터해 주십시오

커서 이동 그 자체에 걸리는 시간은 극히 작을지도 모릅니다. 그러나 그것이 쌓이고 쌓이면 큰 시간 낭비가 됩니다. 단순히 반복되는 작업을 효율적으로 하면 결국에는 시간을 크게 절약하게 됩니다.

커서를 순간 이동하는 단축키

Ctrl + Home 을 누르면, 문서의 맨 앞으로 커서가 이동

행 중간에서 End 를 누르면, 행 말단으로 커서가 이동

Trick 022 6분 단축 문서 작성시 커서를 행의 처음이나 끝으로 순간 이동.

일반적으로 문서 작성시에 커서 위치를 시작 점에서부터 문자를 입력해 나가지만 문장을 수정할 때 등 커서 위치 이동이 빈번히 일어납니다.

커서를 이동시키기 위해 「스페이스」키나 「방향키」를 연속으로 누르는 사람이 있습니다만 이것은 시간이 걸립니다.

실은 커서 이동을 보다 스마트하게 보다 효율적으로 실시하는 기술이 있습니다. 그것은, 「Home」키와 「End」키를 사용하는 방법입니다.

문서 작성시 「Home」을 누르면 현재의 커서가 있는 행의 처음으로 이동하며, 「End」를 누르면 행의 끝으로 한번에 이동합니다.

상기 키와 「Ctrl」을 조합하면 문서의 처음 또는 문서의 맨 마지막으로 순간적으로 이동할 수 있습니다.

덧붙여서, 키보드 기종에 따라서는 「Home」대신에 「Fn」+「왼쪽」방향키, 「End」대신에 「Fn」+「오른쪽」방향키가 될 수도 있습니다.

행 중간에서 Home 을 누르면, 행 선두로 커서가 이동

Ctrl + End 를 누르면, 문서의 맨 뒤로 커서가 이동

Tip

이동 단축키

단축키	설명	단축키	설명
Ctrl + Home	문서 시작 부분으로 이동	Ctrl + ←	왼쪽으로 한 단어 이동
Ctrl + End	문서 끝으로 이동	Ctrl + →	오른쪽으로 한 단어 이동
Ctrl + Page Up	한 페이지 위로 이동	Ctrl + ↑	윗줄로 이동
Ctrl + Page Down	한 페이지 아래로 이동	Ctrl + ↓	아랫줄로 이동

마우스를 쓰지 않고 문장이나 문자를 선택한다

문서 작성의 작업 중 커서 이동에 이어 많은 동작이 문자 선택이 아닐까요?

이때 많은 사람이 마우스를 사용해 드래그를 합니다. 그러나 그렇게 해서는 효율이 나쁘며 선택할 때 실수도 일어나기 쉽습니다. 그럴 때에 편리한 것이 문자나 문장을 키보드로 한 번에 선택하는 방법입니다.

⇧ Shift 를 누르면서 ← → 방향키로 문자를 선택하거나 ↑ ↓ 방향키로 여러 행을 선택할 수도 있습니다.

또한, ⇧ Shift 를 누르면서 Home 또는 End 를 누르면 행의 맨 앞·행의 맨 끝까지 선택할 수 있습니다. 게다가 Ctrl 을 동시에 누르면 문단의 맨 앞·문단의 맨 뒤까지 선택할 수도 있습니다.

이러한 선택 기술은 오피스 소프트웨어 공통으로 사용할 수 있으므로 특정 문자의 복사와 붙여넣기를 하거나 잘라내기를 할 때 등, 다양한 문서 편집에 활용할 수 있습니다. 저는 특히 엑셀에서 셀 안의 문자를 선택할 때 편리하게 쓰고 있습니다.

오피스 소프트웨어를 잘 사용하는 사람도 의외로 이 Home , End , ↑ ↓ ← → 와 ⇧ Shift , Ctrl 의 조합으로 선택하는 방법에 관해서는 모르는 경우가 많습니다.

이 기술을 몸에 익히면 작업 스트레스가 크게 줄고, 문서 작성에 걸리는 시간을 큰 폭으로 단축할 수 있습니다. 무의식적으로 사용할 수 있을 때까지 반복 연습하는 것을 추천합니다.

키보드로 문자나 문장을 선택하는 방법

여기서부터 [Shift] + [←] [→] [↑]
[↓] 방향키로 선택

> Trick 022 6분 단축 문서 작성시 커서를 행의 처음이나 끝으로 순간 이동.
>
> 일반적으로 문서 작성시에 커서 위치를 시작 점에서부터 문자를 입력해 나가지만 문장을 수정할 때 등 커서 위치 이동이 빈번히 일어납니다.
>
> 커서를 이동시키기 위해 「스페이스」키나 「방향키」를 연속으로 누르는 사람이 있습니다만 이것은 시간이 걸립니다.
>
> 실은 커서 이동을 보다 스마트하게 보다 효율적으로 실시하는 기술이 있습니다. 그것은, 「Home」키와 「End」키를 사용하는 방법입니다.
>
> 문서 작성시 「Home」을 누르면 현재의 커서가 있는 행의 처음, 누르면 행의 끝으로 한번에 이동합니다.
>
> 상기 키와 「Ctrl」을 조합하면 문서의 처음 또는 문서의 맨 마지막으로 순간적으로 이동할 수 있습니다.
>
> 덧붙여서, 키보드 기종에 따라서는 「Home」대신에 「Fn」+「왼쪽」방향키, 「End」대신에 「Fn」+「오른쪽」방향키가 될 수도 있습니다.

여기서부터 [Shift] + [Home]/[End]
키로 문장의 앞/뒤로 선택

여기서부터 [Shift] + [Ctrl] +
[Home]/[End] 키로 문장의 앞/
뒤로 선택

Tip

편집 단축키

단축키	설명	단축키	설명
[Ctrl] + [B]	도움말 실행	[Ctrl] + [L]	텍스트를 왼쪽에 맞추기
[Ctrl] + [I]	이름 변경	[Ctrl] + [E]	텍스트를 가운데에 맞추기
[Ctrl] + [U]	파일 찾기	[Ctrl] + [R]	텍스트를 오른쪽에 맞추기
[Ctrl] + [↓]	새로 고침	[Ctrl] + [J]	텍스트를 양쪽에 맞추기

자주 사용하는 말은 「사전 등록」을 이용한다

여러분은 지금까지 업무를 하는 동안 얼마나 많이 「お世話になっております。(항상 신세지고 있습니다.)」나 「よろしくお願い申し上げます。(잘 부탁 드리겠습니다.)」라는 관용어구를 PC에 입력해 왔습니까? 업무 중에 이러한 똑같은 말들을 몇 번이고 반복해서 키보드로 직접 PC에 입력하는 경우가 있을 것입니다. 만약 이러한 관용어구 등을 입력하는 데 걸리는 수고를 줄일 수 있으면 효율적으로 사용할 많은 시간을 확보할 수 있습니다.

그러기 위해서 「Add Word」 기능을 활용합니다. 여기에 자주 사용하는 말들을 등록해 두면 두세 문자만 입력해도 임의의 말이나 단어로 변환해 줍니다. 또, 입력량이 줄어들 뿐만 아니라 입력 실수도 줄어들게 됩니다.

등록하는 방법은 애플리케이션의 종류에 상관없이 일본어 입력 모드에서 Ctrl + F10 을 누르고 방향키를 이용해 「Add Word」를 선택합니다. 그리고 「Add Word」 창이 나오면 「Display」란에 넣고 싶은 말을, 「Reading」란에는 입력 문자를 각각 입력하고, 「Add」를 누르면 등록이 완료됩니다.

예를 들어, 제가 운영하는 회사 「구로네코 큐프(주)」의 경우 「Display」란에 「クロネコキューブ(株)」, 「Reading」란에 「クロ」를 등록하면, 「クロ」라고 입력하기만 해도 변환하려는 후보에 「クロネコキューブ(株)」라는 단어가 표시됩니다.

덧붙여서, 저의 경우는 「이름」, 「연락처」, 「주소」, 「회사 URL」, 빈번히 사용하는 「관용적인 문장」 등 300개 이상의 단어와 문장을 「Add Word」에 등록해 두었습니다.

자주 사용되는 단어를 사전 등록하는 방법

일본어 입력 모드에서 **Ctrl** + **F10** ▶ 単語の登録(Add Word, 단어의 등록)
▶ User Dictionary Tool ▶ Add

▶ よみ(Reading)에 입력된 문자를 단어로 변환하여 문자를 입력 ▶ Add

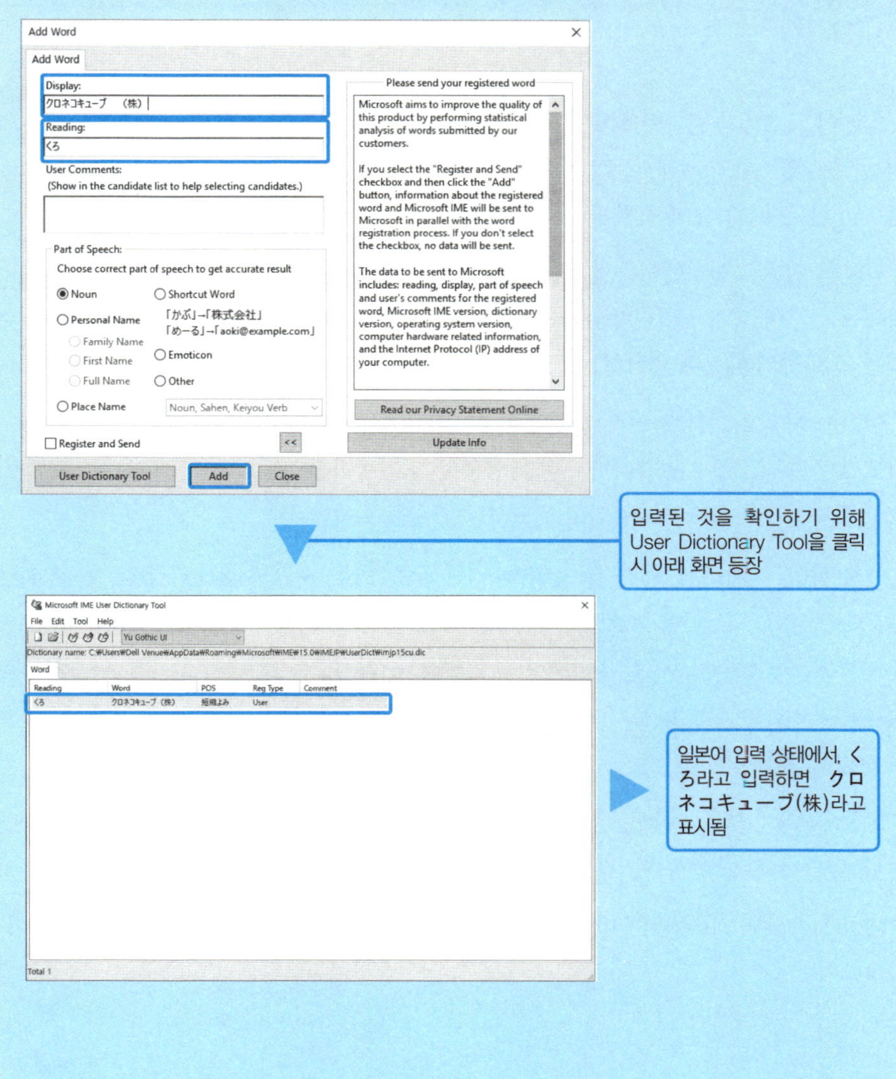

입력된 것을 확인하기 위해 User Dictionary Tool을 클릭 시 아래 화면 등장

일본어 입력 상태에서, くろ라고 입력하면 クロネコキューブ(株)라고 표시됨

입력 문자를
버튼 1개로
가타카나나 영숫자로 변환한다

일본어는 로마자(알파벳)의 음을 차용하여 입력을 합니다. 好き(스키, 좋아하다)라는 일본어 문자를 입력하기 위해서는 일본어 입력 모드에서, Suki를 누른 후 스페이스 키를 눌러 이를 변경합니다. 즉, 알파벳 발음으로 일본어 변환하는 과정이 필요합니다.

일본어 입력은 알파벳이나 한글을 그대로 입력할 수 있는 영어/한국어 입력에 비해 문서 작성에 시간이 오래 걸립니다. 게다가 일본어에는 히라가나, 가타카나, 한자 등 다양한 종류의 문자가 있기 때문에 변환하는 노력이 필요합니다

이러한 이유로 일본어 입력 애플리케이션인 Microsoft IME에는 이 문자 변환을 조금이라도 효율화하고 실수를 줄이기 위한 다양한 변환 기능이 있습니다. 여기에서는 그중에서 입력한 문자를 가타카나나 영숫자로 변환하는 기술을 소개합니다.

예를 들어, 「로마자로 입력」한 상황에서 「くろねこきゅーぶ(구로네코 큐브)」라고 키보드로 입력한 직후에 F6 를 누르면 전각 히라가나로 변환되고, F7 을 누르면 전각 가타카나(クロネコキューブ)로, F8 를 누르면 반각 가타카나(ｸﾛﾈｺｷｭｰﾌﾞ)로 변환됩니다. F9 를 누르면 전각영수(ｋｕｒｏｎｅｋｏｋｙｕ－ｂｕ), F10 를 누르면 반각영수(kuronekokyu－bu)로 변환됩니다.

또한, F9 나 F10 은 누르는 회수에 의해서 「소문자 → 대문자 → 맨 앞만 대문자」로 변환할 수 있습니다. 이 기능은 의외로 모르고 있는 분이 많습니다.

매일 사용하는 기능이니 「변환」 기능을 사용하여 스트레스 없이 일본어 입력을 하시기 바랍니다.

なかいえもんーくんの 입력 예

입력 문자	변환 키	출력 문자
なかいえも んーくん	F6	なかいえもんーくん
	F7	ナカイエモンークン
	F8	ﾅｶｲｴﾓﾝｰｸﾝ
	F9	nakaiemonn-kunn F9 키 2회 NAKAIEMONN-KUNN F9 키 3회 Nakaiemonn-Kunn
	F10	F10 키 Nakaiemonn-kunn F10 키 2회 NAKAIEMONN-KUNN F10 키 3회 Nakaiemonn-Kunn

오류가 있는 문자를 마우스 사용 없이 수정한다

　PC로 문서를 작성하고 있으면 아무리 조심하더라도 반드시 실수가 생깁니다. 「단기(短期) 아르바이트 모집」이라고 포스터에 입력하려다 실수로 「급한 성질(短気) 아르바이트 모집」이라고 변환되어 버린 경험은 흔히 있을 것입니다.* 이를 발견하지 못한 채 포스터를 붙이면 신경질적인 사람만 응모하게 될 것입니다. 이런 경우 많은 사람이 처음부터 문자를 다시 쓰거나 고쳐야 하는 문자를 마우스로 선택하고 스페이스 키를 누를 것입니다. 그러나 변환 직후라면 문자를 선택하지 않고 재변환할 수 있습니다.

변환 직후에 Ctrl + Backspace 를 누르면 재변환 가능한 상태로 되돌릴 수 있습니다.

　또한, 재변환해야 하는 글자를 선택한 범위 속에서 세세하게 지정할 수도 있습니다.

예를 들어, 앞에서 말한 방법으로 약간 긴 문장을 재변환 가능한 상태로 했을 경우 Shift 를 누르면서 ← → 방향키를 누르면 변환 범위를 조정할 수 있습니다.

　이 기술이 익숙해지면 많은 문자를 입력하고 나서 마지막에 정리하며 변환·확정할 수 있게 되어 빈번히 변환·확정을 반복할 필요가 없습니다.

　문자 입력 효율을 높이고 싶으면 입력 그 자체뿐 아니라 실수를 수정하는 방법도 연구하여 입력 작업 전체의 생산성을 올려야 합니다. 아무리 조심해도 실수는 하기 마련이므로 실수를 전제로 하여 생각하는 것이 유리한 전략입니다. 인생도, 문자 입력도, 몇 번이라도 재시도하는 편이 좋습니다. 실수를 신경 쓰지 말고 입력해 나갑시다.

---

*역자 주: 短期(짧은 기간)와 短気(급한 성질, 화를 잘 내는)는 모두 일본어 발음이 たんき(tanki)로 동일해 생기는 오류임.

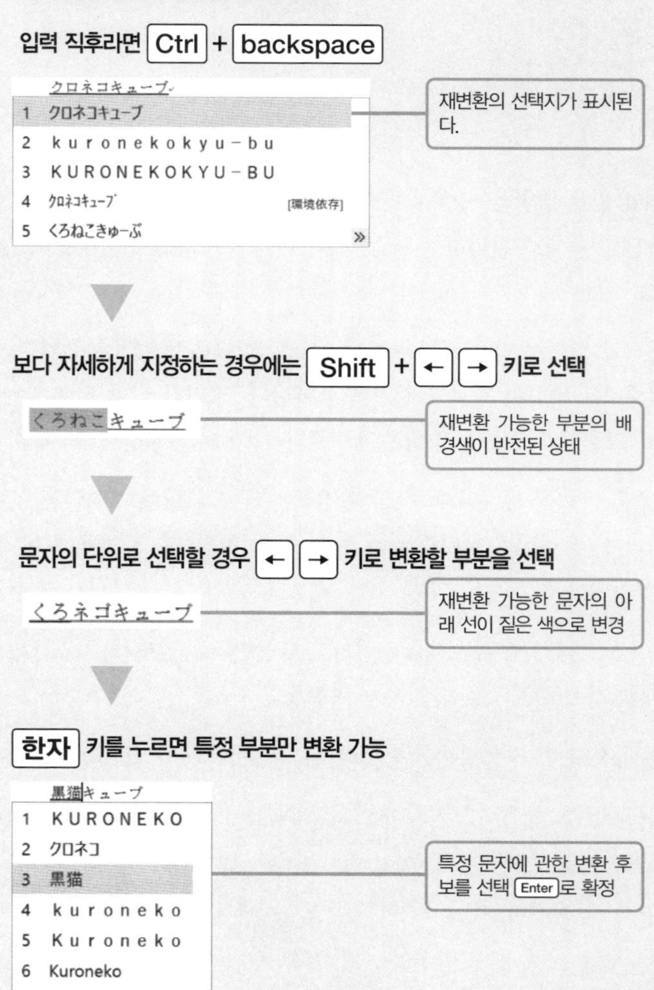

クロネコキューブ의 예
입력 직후라면 Ctrl + backspace
クロネコキューブ
1 クロネコキューブ
2 kuronekokyu-bu
3 KURONEKOKYU-BU
4 クロネコキューブ [環境依存]
5 くろねこきゅーぶ
재변환의 선택지가 표시된다.
보다 자세하게 지정하는 경우에는 Shift + ← → 키로 선택
くろねこキューブ
재변환 가능한 부분의 배경색이 반전된 상태
문자의 단위로 선택할 경우 ← → 키로 변환할 부분을 선택
くろねこキューブ
재변환 가능한 문자의 아래 선이 짙은 색으로 변경
한자 키를 누르면 특정 부분만 변환 가능
黒猫キューブ
1 KURONEKO
2 クロネコ
3 黒猫
4 kuroneko
5 Kuroneko
6 Kuroneko
7 KURONEKO
8 kuroneko
9 くろねこ
특정 문자에 관한 변환 후보를 선택 Enter 로 확정

우편번호를 주소로 변환한다

여러분은 다른 사람에게 받은 명함을 어떻게 관리합니까? 책상 위에 그냥 놓아 두는 이도 있을 것이고, 탁상 위의 명함 폴더로 관리하는 사람, 명함 관리 소프트웨어를 사용해 관리하고 있는 사람도 있겠지요.

저는 적극적으로 활용하고 싶어서 받은 명함은 모두 엑셀로 명단을 만들어 놓습니다. 당연하지만, 그렇게 하기 위해서는 명함의 정보를 입력해야 합니다. 그러나 명함 정보를 하나씩 입력하는 것은 귀찮지요. 그중에서도 주소 입력은 정말로 시간이 오래 걸립니다.

그럴 때에 간편하고 좋은 방법이 있습니다. 너무 편리해서 제가 사랑해 마지않는「우편번호의 주소 변환 기능」입니다. 우편번호를 입력한 후 Space 키를 누르면 그 번호에 해당하는 주소를 표시해 주는 기능입니다.

예를 들어, 일본어 입력 모드에서「658 – 0011」이라고 우편번호를 입력한 후 스페이스 키를 두 번 누르면「兵庫県神戸市東灘区森南町」라고 변환됩니다.

이 기능을 사용하려면 다음과 같이 설정해야 합니다.

Windows 검색창에 IME를 입력 ▷ 「Microsoft IME용 설정(일본어)」를 선택 ▷ 「Advanced(고급, 詳細設定)」를 선택 ▷ 「Dictionary/Auto–tuning」탭 ▷ 「Standard Integrated Dictionary」와 「Postal Code Dictionary」의 체크박스를 체크 ▷ OK. 이것으로 준비 완료입니다.

이 기능 덕분에 저는 명함 관리 소프트웨어를 사용하지 않습니다. 명함 소프트웨어는 매번 수정이 필요한 경우가 많아 이렇게 손으로 입력하는 것이 오히려 빠르기 때문입니다.

물론, 이 기능은 명함 입력 이외에도 서류 작성이나 메일 작성할 시에도 활용할 수 있습니다. 꼭 활용해 보세요.

우편번호를 주소로 변환하는 방법

Windows 검색창에 IME를 입력 ▶ "Microsoft IME용 설정(일본어)"를 선택 ▶
Advanced(고급, 詳細設定)를 선택 ▶ Dictionary/Auto-tuning 탭 ▶ Standard
Integrated Dictionary 와 Postal Code Dictionary의 체크박스를 체크 ▶ OK

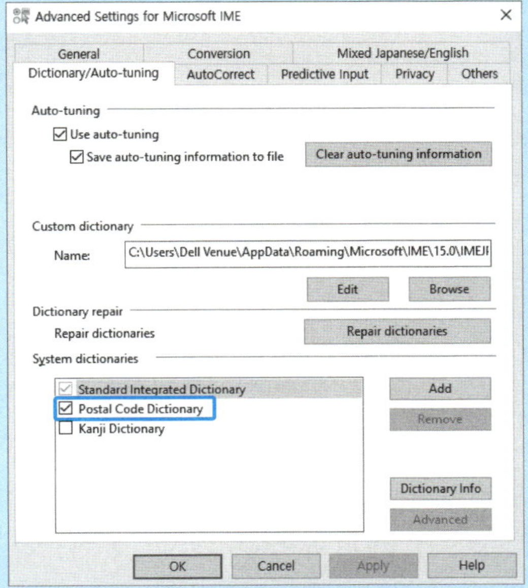

우편번호를 선택하고   Space 키를 누르면   주소를 선택 가능

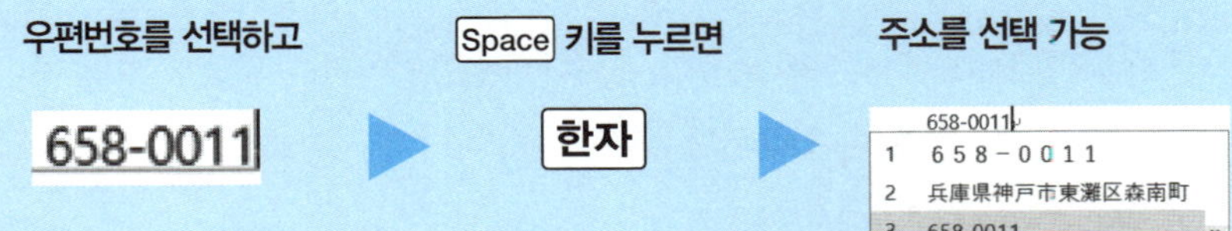

읽는 법을 모르는 한자는 필기 인식을 활용한다

일본어로 된 문서를 읽을 때, 「鯑 (かずのこ, 카즈노코, 말린 청어 알)」이나 「衾 (ふすま, 후수마, 이불)」이라는 낯선 한자를 보게 되면 「어? 뭐라고 읽지?」 하고 당황한 경험이 있을 것입니다. 지면에 프린트된 문자는 읽는 법을 모르면 인터넷에서도 검색할 수 없습니다. 사전에서 찾을 때 읽는 법을 모르면 부수/획수로 찾아야 하므로 시간이 걸립니다.

그럴 때 Microsoft IME의 「확장 입력기」 기능을 쓰면 편리하게 찾을 수 있습니다.

사용법은 일본어 입력 상태에서 Ctrl + F10 을 누르면 「IME Pad」가 표시되며, 이를 누르면 「확장 입력기」가 열립니다.

예를 들어, 표시된 확장 입력기에 「사람 인」을 사용한 한자를 쓰다 보면 쓰는 도중에 부수가 판별되며, 「仮」나 「伊」 등 점점 찾으려던 한자와 닮은 한자들이 나오게 됩니다. 그리고 해당의 한자를 찾아내 커서를 위에 놓으면 음독과 훈독이 팝업으로 표시됩니다. 만약 읽는 법을 알고 싶을 뿐만 아니라 해당 글자를 입력하고 싶은 경우에는 그대로 문자를 클릭하면 열려 있는 애플리케이션에 입력됩니다.

저는 이 기능을 주로 명함 입력 시에 활용하고 있습니다. 업무로 인해 많은 사람으로부터 명함을 받는데, 드문 이름은 나중에 명함 입력을 할 때 읽는 법을 잊어버리는 일이 자주 있습니다.

그럴 때 이 IME Pad 기능이 큰 도움이 됩니다. 이 방법이면 자필로 쓰기만 하면 원하는 한자의 읽는 법을 금방 찾을 수 있습니다.

IME Pad (Hand Writing)의 이용법

일본어 입력 상태에서 [Ctrl] + [F10] ▶ IME Pad(P)가 표시

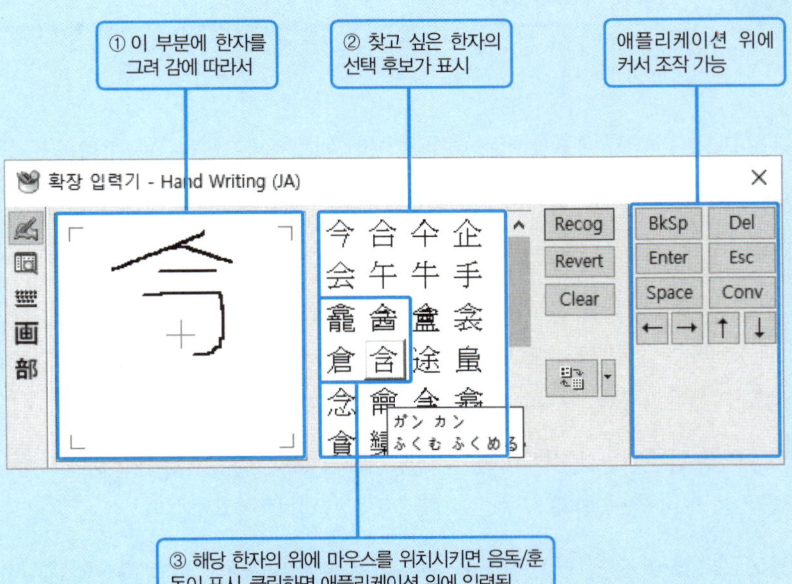

> **Tip**
>
> 한자 입력 방법에는 획수나 부수로 입력하는 방법도 있습니다.
>
> 획수로 한자 입력하기   부수로 한자 입력하기
>
> 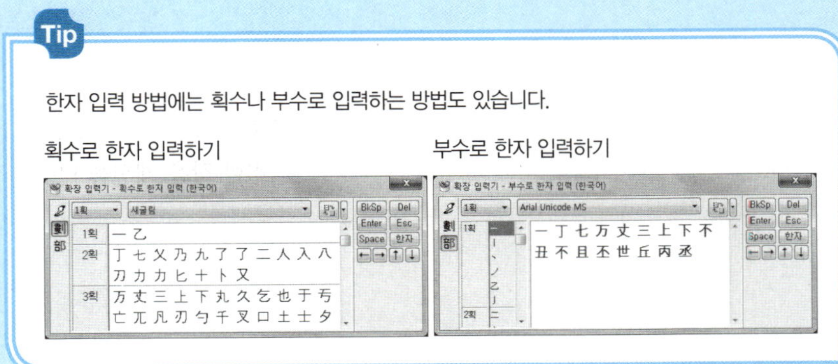

편리한 의사록 작성!
메모장에 현재 일시를
한 번에 표시한다

여러분은 PC로 간단한 메모를 적는 경우에 어떤 애플리케이션을 사용합니까?

세상에는 멋있는 애플리케이션이 많이 있지만, 저는 Windows에 기본으로 내장된 「메모장」을 사용합니다. 이유는 기동이 가장 빠르고 경쾌하게 움직이기 때문입니다.

「메모장」은 간단한 메모를 적을 때 뿐만이 아니라 회의록을 작성하거나 혼자서 브레인스토밍을 할 때 등에도 도움이 됩니다. 너무나도 편리하여 저에게 있어서 필수적인 애플리케이션이라고 해도 과언이 아닙니다(다른 장에서도 똑같은 말을 할지도 모릅니다만……).

메모장은 매우 단순한 애플리케이션이지만, 최소의 필수 기능은 갖추고 있습니다. 그중에서도 제 마음에 드는 것이 현재 시각을 순간적으로 표시하는 기능입니다.

예를 들어, 메모장이 열려 있는 상태로 F5 키를 누르면 「6:15 2017/01/27」이라는 현재 날짜와 시간이 순간적으로 입력됩니다.

이 시각은 Windows의 시스템 시계에 연동되어 있으므로 PC가 인터넷 시간이 적용되도록 설정해 놓으면 항상 정확한 시각이 표시됩니다.

이 기능을 앞서 말한 「런처 기능」과 조합해서 사용하면 갑작스럽게 기록할 일이 생겼을 때 단 1초면 기록을 시작할 수 있습니다.

이 기능은 메모나 회의록의 작성뿐 아니라 작업 시작과 종료 시간을 기록하는 등 간단한 계측에도 활용할 수 있습니다. 화려하지 않은 기술이지만, 이러한 작은 개선을 반복해 가면 일이나 회사 전체 효율이 비약적으로 높아질 것입니다.

메모장에 현재 일시를 삽입하는 방법

회의 간이 의사록의 예

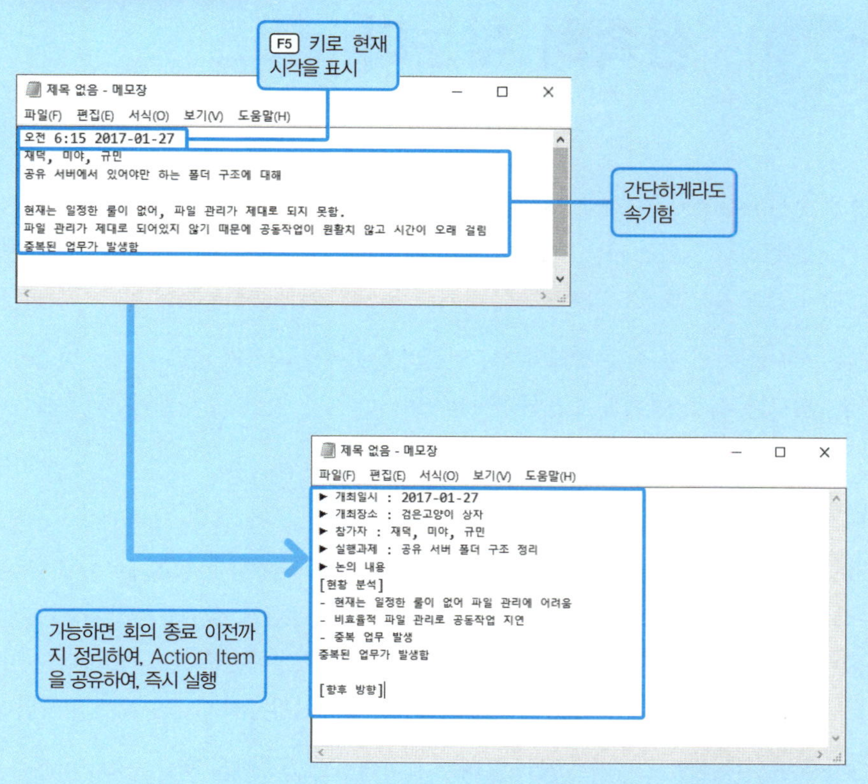

긴 문서에서 키워드를 신속히 찾는다

문서 파일이나 웹사이트에서 중요한 키워드를 찾을 때 커서를 이동하거나 화면을 스크롤해 가며 하나하나 눈으로 찾는 사람도 있습니다. 사실 제가 운영하는 회사에서는 이 방법은 금지되어 있습니다. 효율도 나쁘고 실수하거나 못 보고 지나칠 가능성이 있기 때문입니다.

저는 실수를 하면 안 되는 작업일수록 인간의 능력에 의지하지 않고 기계에 맡겨야 한다고 생각합니다. 그럼 어떻게 하면 좋을까요? 이러한 경우에는 애플리케이션의 「찾기」 기능을 사용합니다.

단축키는 Ctrl + F.

이것은 Windows나 오피스 소프트웨어, 브라우저 등 다양한 애플리케이션에 공통적으로 적용되니 기억해 둡시다. 사람의 눈으로 검색하는 경우에는 실수하거나 간과하는 경우가 많이 발생하기 때문입니다. 비교적 작은 범위를 보는 경우에는 문제가 작지만, 커서나 스크롤로 화면을 움직이는 경우에는 아무래도 시선을 움직여야 하므로 집중력이 저하됩니다.

제가 목표하는 작업 스타일은 작업을 빠르게 하면서도 집중력은 떨어뜨리지 않으며 좋은 성과를 내는 것입니다.

기억이나 반복, 검색 등은 컴퓨터가 장점이 있으므로 할 수 있는 한 컴퓨터에 맡겨 버립니다. 이러한 분업으로 인간은 더 자유롭게, 더 창조적인 일에 재능을 발휘할 수 있게 됩니다.

찾고 싶은 문자를 검색하는 방법

메모장의 검색

● **메모장**

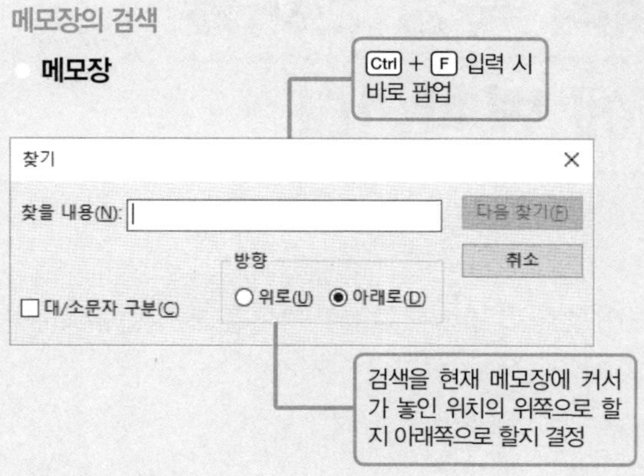

Ctrl + F 키는 다른 애플리케이션에도 사용 가능

● **MS 엑셀**

● **MS 워드**

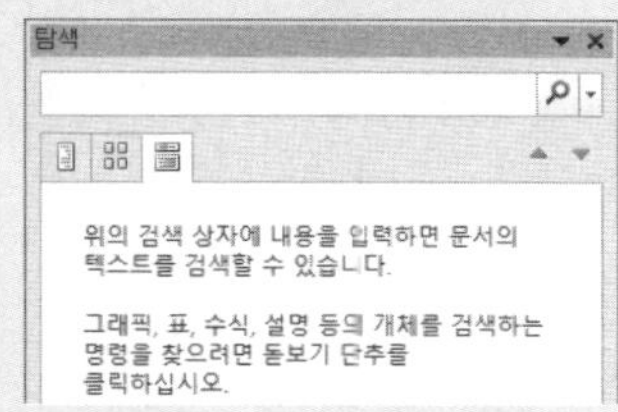

● **MS 파워포인트**

● **인터넷익스플로러**

바꾸기 기능으로 문서 내의 특정 단어를 한꺼번에 변환한다

　PC로 문서 작성 작업을 하는 도중에 상황이 변하여 특정한 단어를 모두 수정해야 하는 경우가 있다고 합시다. 이 경우 문서 안에서 단어 하나하나를 수작업으로 수정하는 것은 너무 시간이 많이 걸리고 실수가 발생할 우려도 있습니다.

　이럴 때에 매우 편리한 것이 Windows의「바꾸기」기능입니다. 이 기능은 문자 그대로 특정 문자를 지정한 문자로 바꿔 주는 기능입니다. 이 기능도 앞의「찾기」기능처럼 다양한 애플리케이션에서 활용할 수 있습니다. 어떤 문자를 바꾸고 싶은 경우는 먼저, Ctrl + H 를 눌러 윈도우를 엽니다. 거기에 찾을 내용과 바꿀 내용을 입력합니다.

　그 후,「바꾸기」로 해당하는 단어를 1개씩 찾아 바꾸거나,「모두 바꾸기」기능을 이용해 단번에 바꾸거나 할 수 있습니다. 또한, 이 기술을 응용해서 문서 내 필요 없는 공백을 지울 수도 있습니다.

　예를 들어,「찾을 내용」란에 스페이스 바로 공백을 만들고,「바꿀 내용」에 아무것도 입력하지 않고 바꾸기나 모두 바꾸기를 하면 그냥 눈으로 봐서는 찾아내기 어려운 공백을 단숨에 없앨 수 있습니다.*

　이 기능은 선택한 특정 범위 내에서만 바꾸기를 실시할 수도 있습니다.

　이 기술을 몸에 익히는 장점은 단순히 편리한 것뿐만이 아니라 약간의 실수가 있어도 초조하지 않게 되는 것입니다. 긴 문서에서도 특정 부분을 찾아내 정리하고 변환할 수 있다고 생각하면 문서 작성 시 스트레스가 줄어들어 마음의 여유가 생깁니다.

---

*역자 주: 일본어는 띄어쓰기가 없으므로 모든 공백을 없애기 위해, 찾을 내용에 스페이스 바를 한 번 누르지만, 한국어에는 스페이스 바를 두 번 누르고, 바꿀 내용에 스페이스를 한 번 누르면 실수로 공백이 두 개씩 생긴 부분은 없앨 수 있음.

바꾸고 싶은 단어를 변경하는 방법

● 메모장

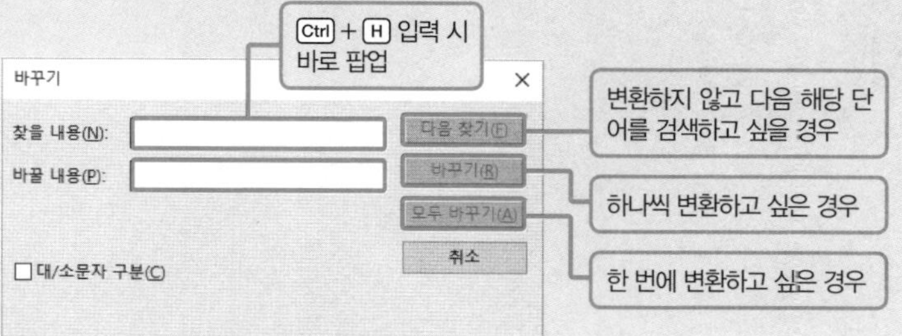

Ctrl + H 키는 다른 애플리케이션에도 사용 가능

● MS 엑셀

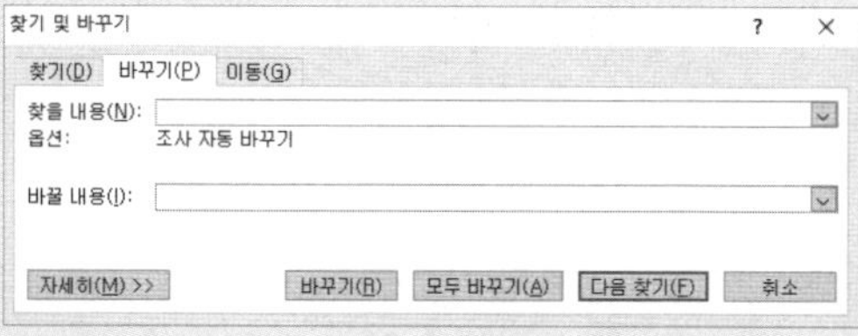

● MS 워드

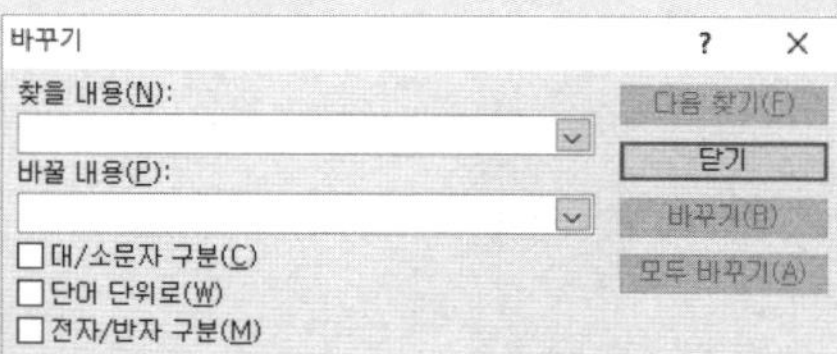

● MS 파워포인트

제3장

컴퓨터를
잘 모르는 사람이라도
바로 적용 가능!

엑셀 시간 단축 기술 편

여러분 중에서는 "엑셀이 골칫거리"라고 하는 사람도 많을 것입니다.

특히, 일상적으로 복잡한 표 계산을 하거나 전문적인 데이터를 취급할 필요가 없는 사람에게는 어려운 소프트웨어라고 생각합니다.

그렇다고는 해도 엑셀은 간단한 표를 만들 때나 일일 업무보고, 사무작업 등 일상적인 비즈니스 상황에서 다양하게 사용됩니다. 그리고 사실 기본적인 기능을 사용하는 것뿐이라면 엑셀은 그렇게 어렵지 않습니다.

여기에서는 "복잡한 기능은 별로 사용하지 않지만 엑셀은 자주 사용한다"라는 사람을 위해서 누구라도 간단하게 할 수 있는 업무 시간 단축 기술을 소개할 것입니다.

엑셀의 머리글/바닥글을 활용하여 효율과 신뢰성 향상

엑셀의 「머리글」과 「바닥글」 기능을 알고 있습니까? 미리 설정해 두면 인쇄할 때 문서의 상부·하부에 「날짜」, 「페이지 번호」, 「파일명」 등을 표시할 수 있는 편리한 기능입니다.

머리글·바닥글의 설정은 먼저 Alt → P(페이지 레이아웃) → I(인쇄 타이틀) 키를 차례로 누르고, 페이지 설정 윈도우를 엽니다. 그 후 Ctrl + Tab 으로 이동해 「머리글/바닥글」 탭을 선택해 설정합니다.

머리글·바닥글에 표시할 정보는 엑셀 애플리케이션의 선택사항에서 선택하거나 「머리글/바닥글의 편집」에서 개별적으로 등록할 수 있습니다. 한 번 등록한 사항은 앞으로도 선택사항에 나타나게 되어 계속해서 활용할 수 있습니다.

저의 경우, 머리글의 왼쪽에는 「파일명」, 중앙은 비우고, 오른쪽에는 「날짜」, 바닥글은 중앙에 「페이지 번호」 혹은 「총 페이지수」 오른쪽에는 「파일 패스」를 등록합니다. 이렇게 해서 문서를 관리하는 시간을 줄이고, 문서에 대한 신뢰성도 올립니다.

Tip

머리글/바닥글을 편집할 경우에는 워크시트의 보기 방법을 「보기」 → 「페이지 레이아웃」으로 변경하여 머리글 영역과 여백 영역을 함께 보는 것이 좋습니다.

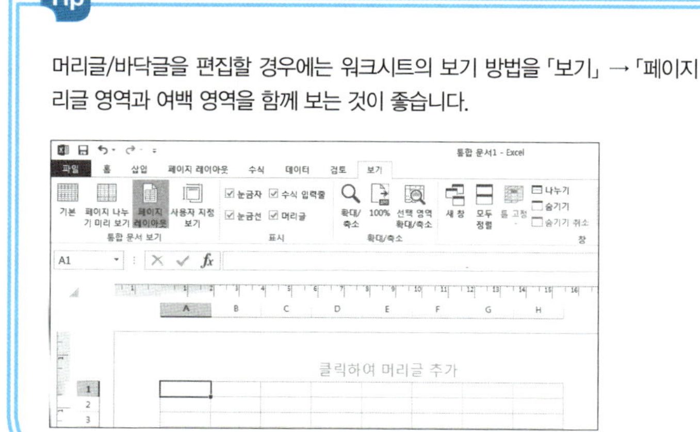

엑셀의 머리글/바닥글을 최대한 활용하기

머리글/바닥글을 설정

Alt ▶ P ▶ I 페이지 설정 윈도우가 열리면 ▶ Ctrl + Tab 으로 이동
▶ 머리글/바닥글 Tab ▶ 머리글 혹은 바닥글을 편집

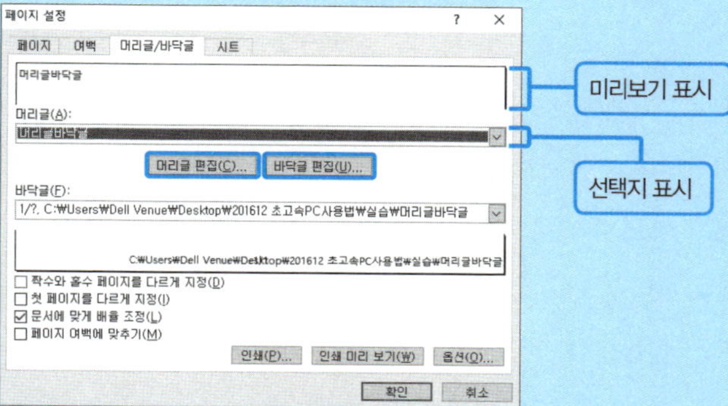

머리글/바닥글의 편집

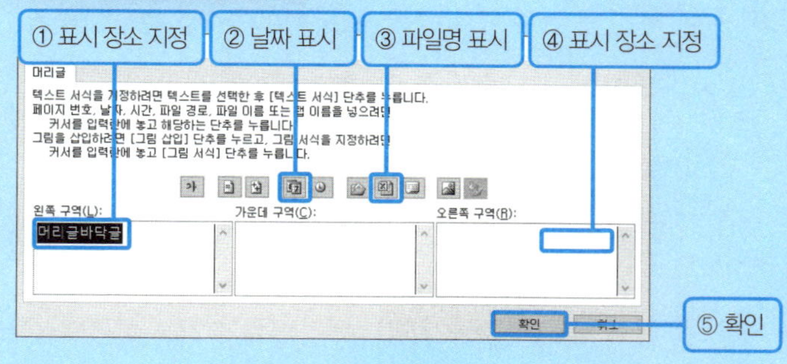

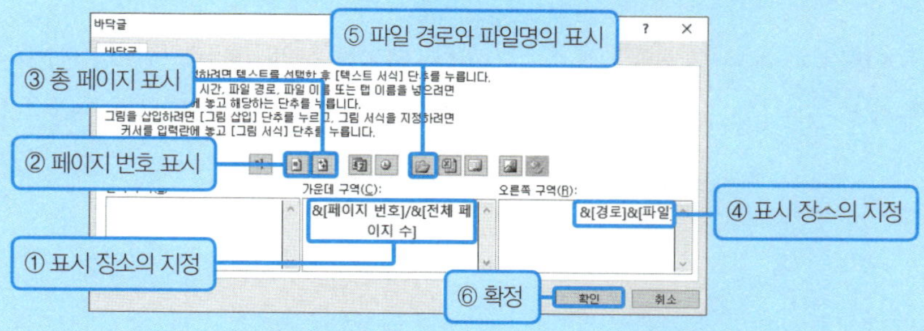

표가 여러 페이지로 나뉠 때 타이틀이 각 페이지에 자동 표시되게 한다

엑셀에서 복수 페이지에 나뉜 표를 인쇄하는 경우 초기 설정 상태로는 1페이지에만 타이틀(표제)이 삽입되고, 2페이지부터는 타이틀이 인쇄되지 않습니다. 그럴 경우 2페이지 이후를 인쇄했을 경우 열의 항목을 모르게 됩니다.

이를 방지하기 위해 인쇄 타이틀을 설정하면 2페이지 이후에 이어지는 표의 첫째 줄에 타이틀 행을 자동으로 삽입할 수 있습니다.

설정 방법은 다음과 같습니다.

Alt → P (페이지 레이아웃) → I 를 누르면 「페이지 설정」 윈도우가 열린 후 Ctrl + Tab 으로 「시트」 탭을 열고, 「인쇄 제목」에서 「반복할 행」의 오른쪽에 있는 버튼을 클릭합니다.

그런 후 반복시키고 싶은 인쇄 타이틀 행을 클릭 후 Enter 를 입력합니다. 그리고 「페이지 설정」 화면으로 돌아와 「확인」을 누르면 설정이 완료됩니다.

표의 경우도 설정은 똑같습니다. 모든 페이지에 인쇄하고 싶은 열을 「반복할 행」 박스에서 선택해 인쇄 타이틀로 지정하면 됩니다.

덧붙여서, 모든 페이지에 타이틀이 제대로 들어가 있는지는 인쇄 프리뷰 화면에서 각 페이지를 확인하면 됩니다.

이 기술은 인쇄하지 않는 문서에는 필요 없습니다. 하지만 약간 긴 명부나 리스트 등 여러 페이지에 걸쳐 있는 문서를 인쇄하는 경우에는 필수이므로 꼭 기억해 둘 것을 권합니다.

인쇄타이틀을 설정하는 방법

Alt ▶ **P** ▶ **I** ▶ 페이지 설정 윈도우가 열림 ▶ 시트 탭의 인쇄 제목의 반복할 행의
오른쪽 버튼을 누름

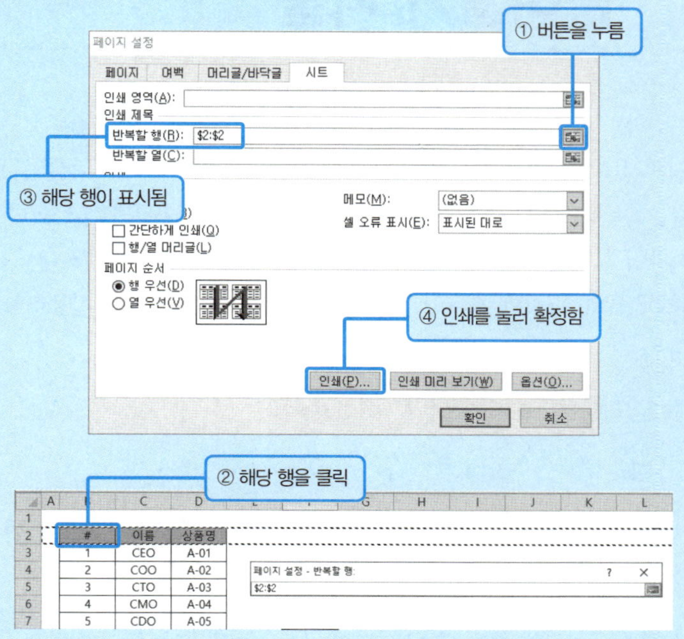

#	이름	상품명
1	CEO	A-01
2	COO	A-02
3	CTO	A-03
4	CMO	A-04
5	CDO	A-05

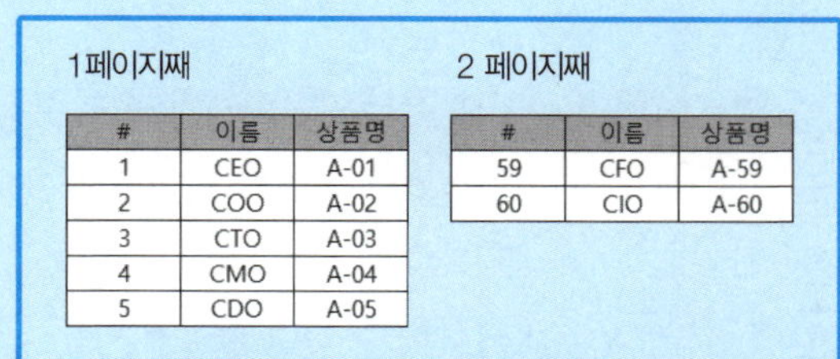

1페이지째

#	이름	상품명
1	CEO	A-01
2	COO	A-02
3	CTO	A-03
4	CMO	A-04
5	CDO	A-05

2 페이지째

#	이름	상품명
59	CFO	A-59
60	CIO	A-60

셀 입력을 쉽게 해주는 다양한 복사와 붙여넣기 기술

복사와 붙여넣기(copy & paste)는 가장 많이 사용되는 단축키라고 말할 수 있습니다. 특히, 엑셀 작업을 할 경우에는 마우스를 사용할 때와 키보드를 사용할 때 소요 시간은 하늘과 땅 정도의 차이가 생깁니다. 복사와 붙여넣기의 기본은 Ctrl + C 와 Ctrl + V 이지만, 실은 그 이외에도 많은 편리한 기술이 있습니다. 여기에서는 제가 잘 사용하는 9가지 기술을 소개합니다.

① 바로 왼쪽 옆의 셀을 복사와 붙여넣기 : Ctrl + R

② 바로 위의 셀을 복사와 붙여넣기 : Ctrl + D

③ 입력할 셀을 중심으로 복사와 붙여넣기 : 문자가 들어간 셀을 기점으로 범위 선택해 Ctrl + D, Ctrl + R

④ 입력 문자를 기점으로 복사와 붙여넣기 : 범위 선택하고 나서 문자 입력해 Ctrl + Enter

⑤ ～⑨ 형식을 선택해 붙이기 : Ctrl + C 로 복사 → Alt + E → S 로 붙이기 형식을 선택

⑤ 값만의 경우는 → V

⑥ 서식만의 경우는 → T (※ 여러 문서의 서식을 통일시킬 때도 사용합니다)

⑦ 코멘트만의 경우는 → C (※ 엑셀 일람으로 코멘트 기능을 자주 사용하는 저자는 편리하게 쓰고 있습니다)

⑧ 행의 넓이는 → W (※ 같은 종류의 여러 문서 형식 조정에 이용)

⑨ 행렬을 바꿔 넣는 경우는 → E (※ 작성 중인 표를 변경할 때 편리)

이러한 편리한 기술은 그 밖에도 많이 있지만, 이 정도만 알고 있어도 일상적인 일에 불편은 없을 것입니다. 이상의 9가지를 계속 반복하여 꼭 몸에 익혀 주세요. 엑셀 업무를 많이 하는 독자에게는 상당한 효과가 있을 것입니다.

엑셀을 사용한 여러 가지 복사 기술

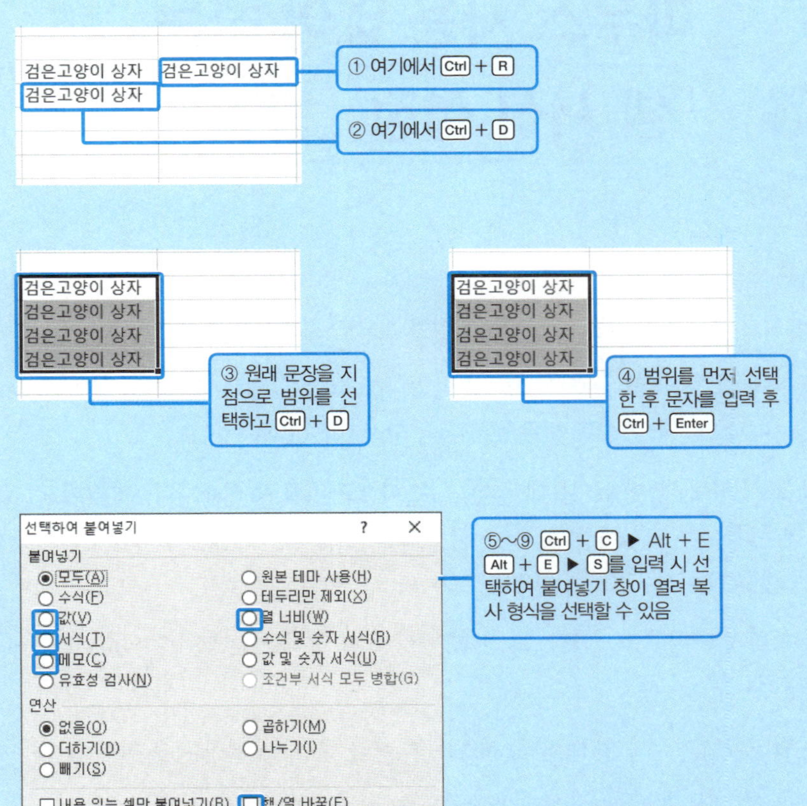

Tip

선택하여 붙여넣기 단축키

단축키	설명	단축키	설명
F	수식	X	테두리만 제외
N	유효성 검사	R	수식 및 숫자 서식
H	원본 테마 사용	U	값 및 숫자 서식

꼭 알아야 할 마우스 사용 없이 하는 「셀 서식 설정」 방법

엑셀에서 표를 만드는 경우, 문자 형식이나 배치, 글꼴 서식, 테두리 선 변경, 셀에 색 채우기 등 글꼴이나 셀에 관련되는 이런저런 설정이 필요한 경우가 있습니다.

이러한 설정 작업을 집약한 것이 「셀 서식」입니다. 이것은 대상 셀에서 우클릭하여 할 수도 있지만, Ctrl + 1 을 누르면 바로 「셀 서식」 창이 나옵니다.

처음에 「표시 형식」 탭이 열리는데, Ctrl + Tab 으로 바꿀 수 있습니다. 그 밖에도 「맞춤」, 「글꼴」, 「테두리」, 「채우기」 등이 있으며, 저는 모두 자주 사용합니다. 그러면 탭별 기능에서 제가 자주 사용하는 것을 간단히 설명하겠습니다.

- **표시 형식 탭**: 「범주」의 「날짜」를 선택, 날짜 표시 형식을 선택할 수 있습니다(9/4이나 2017/9/4 등).

- **맞춤 탭**: 셀 안의 문자 위치 변경, 텍스트 줄 바꿈 설정, 셀 결합 등을 할 수 있습니다.

- **글꼴 탭**: 글꼴의 종류나 색, 크기 등의 변경을 할 수 있습니다.

- **테두리 탭**: 테두리 선의 굵기나 스타일을 선택할 수 있습니다.

- **채우기 탭**: 셀의 채색에 사용합니다.

Ctrl + 1 을 기억해 두면 지금까지 마우스 조작에 의지하던 많은 작업을 키보드 조작으로 할 수 있어서 엑셀의 표 만들기 작업 효율이 확실히 올라갑니다. 간단하니 꼭 마스터하시기 바랍니다.

셀의 서식 설정을 바로 열기

표시 형식

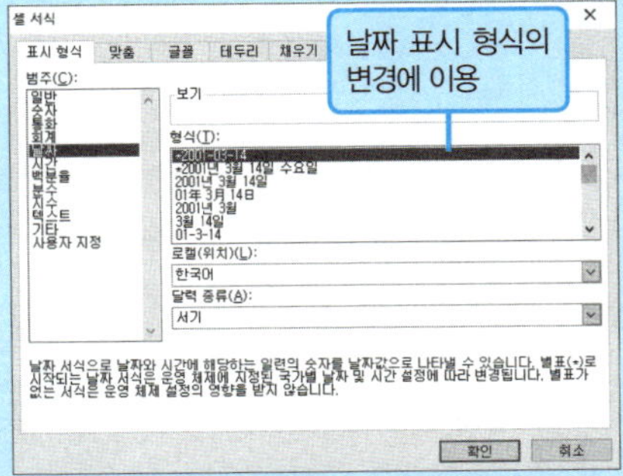

배치

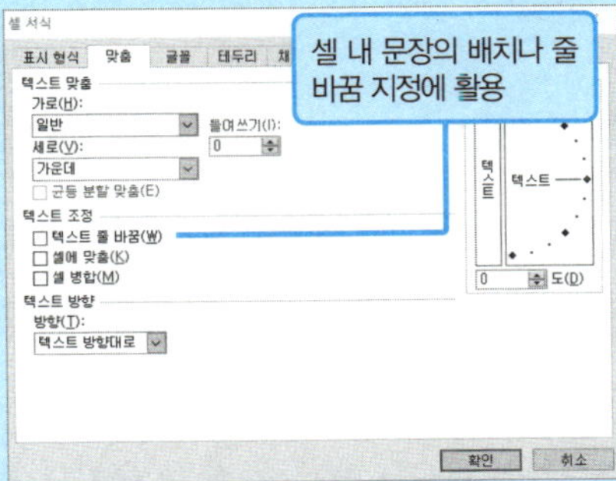

글꼴

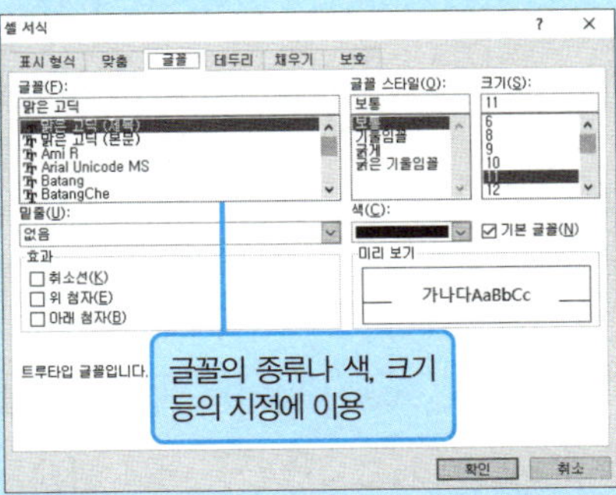

테두리

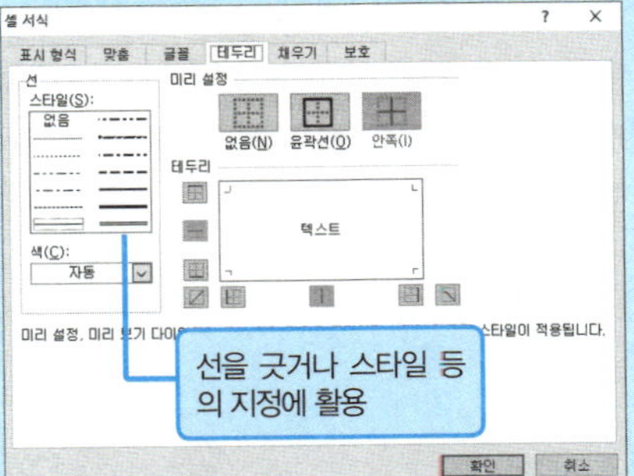

배경색

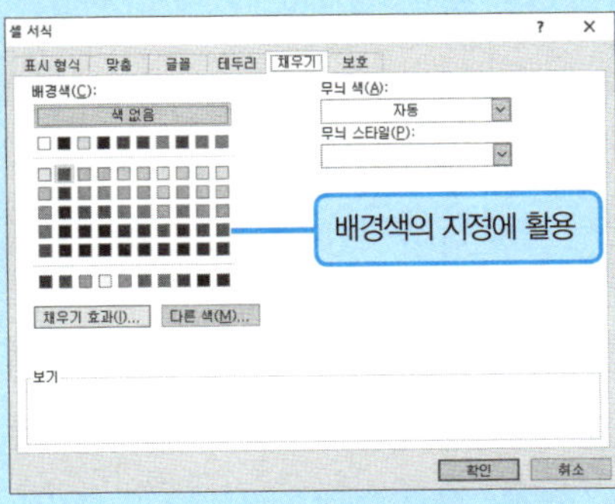

파일 전체의 서식을 정리 정돈한다

앞에서 해설한 「셀 서식」 설정은 셀의 문자 배열이나 글꼴을 세세하게 지정할 수 있어서 매우 편리하지만, 셀마다 설정하는 것이 귀찮습니다. 그럴 때에 편리한 것이 셀의 「스타일」 설정입니다.

스타일이란 문서 파일마다 글꼴이나 색, 표시 형식 등의 서식을 정리해 설정하는 기능으로 복수의 셀에 같은 서식을 설정하거나 일괄 변경할 수 있는 것이 매력입니다.

스타일을 단축키로 열려면 먼저, Alt + H + J + N 을 눌러 대화상자를 엽니다. 그 후 「서식」 버튼을 눌러 「표시 형식」, 「맞춤」, 「글꼴」, 「테두리」, 「채우기」와 그 문서에 설정하고 싶은 내용을 입력한 후 확인을 누릅니다.

일람이나 표를 만들 때 최초로 이 설정을 해두면 모든 셀에 이 서식이 반영되므로 그때마다 설정을 할 필요가 없어 매우 편리합니다.

이러한 초기 설정에 의한 작업 효율화는 회사 경영이나 가계로 말하면 「고정비 삭감」 같은 것입니다. 매일 반복되는 대량 작업에 메스를 가하여 결과적으로 활용 가능 시간을 확보하는 것입니다.

셀의 스타일 설정으로 서식을 정리하는 방법

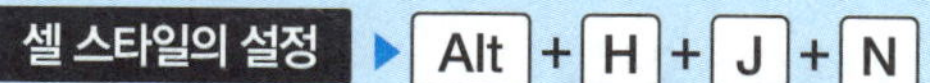

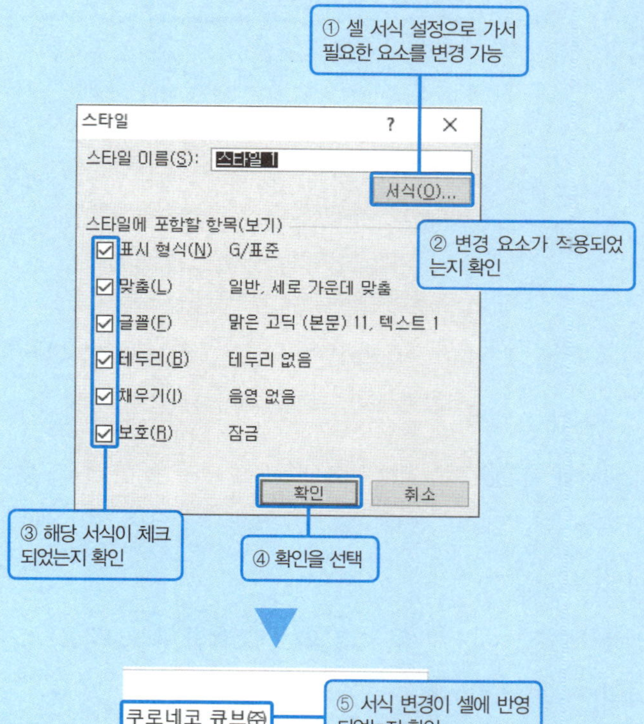

Tip

선택 단축키

단축키	설명	단축키	설명
Ctrl + B	굵게 서식 표시/제거	Ctrl + Shift + 6	개체 표시/숨기기/전환
Ctrl + I	기울임꼴 서식 표시/제거	Ctrl + Shift + &	윤곽선 테두리 적용
Ctrl + U	밑줄 서식 표시/제거	Ctrl + Shift + _	윤곽선 테두리 제거
Ctrl + 5	취소선 서식 표시/제거	Ctrl + Shift + 7	윤곽 기호 표시/숨기기

현재 날짜와 시간을 단축키로 입력한다

엑셀에서 표나 일람을 작성하는 경우에 파일의 작성 날짜나 수정 날짜를 입력할 때 많은 사람이 캘린더나 시계로 일자를 확인하고 그때마다 키보드로 입력합니다.

그런데 단축키를 사용하면 순식간에 일자를 입력할 수 있습니다.

구체적으로 날짜는 Ctrl + ; 시간은 Ctrl + Shift + ; 를 누르면 바로 셀에 표시됩니다.

덧붙여서 날짜와 시간을 셀에 각각 나타낼 수도 있지만, 한 개의 셀에 입력할 수도 있습니다.

방식은 간단합니다.

셀을 지정해서 먼저 Ctrl + ; 을 눌러 일자를 입력합니다. 그다음 「스페이스」를 누르고 공백을 비워 Ctrl + Shift + ; 을 누르면, 동일한 셀에 현재 시각이 입력됩니다.

또한, Alt + Enter 로 동일한 셀 안에서 행을 바꾸어 입력할 수도 있으니 목적에 맞추어 구분해서 사용하시기 바랍니다.

제가 운영하는 회사에서는 사내에서 사용하는 일람표에는 모두 행 단위로 갱신일 항목이 있어서 날짜 입력 단축키를 자주 사용합니다. 시각 입력은 별로 사용할 일이 없지만, 분·초를 기록할 필요가 있는 실험 업무나 계측 업무를 하는 현장 등에서는 상당히 유용할 것으로 생각됩니다.

현재의 날짜와 시각을 입력하는 방법

날짜와 시각을 입력 ▶ 날짜 `Ctrl` + `;` 시각 `Ctrl` + `Shift` + `;`

- 별도 셀에 입력

2016-12-28	11:34 AM

- 한 개의 셀 에 입력

2016-12-28 11:35

- 한 개의 셀에 행을 바꾸어 입력

2016-12-28	11:34 AM

> **Tip**
>
> 날짜 및 시간 서식 적용 단축키
>
> | 단축키 | 설명 | 단축키 | 설명 |
> |---|---|---|---|
> | `Ctrl` + `Shift` + `3` | 날짜 서식 적용 | `Ctrl` + `Shift` + `2` | 시간 서식 적용 |

행렬의 선택과 삽입 그리고 이동에 대한 단축키

엑셀에서 표를 만드는 경우에 행이나 열을 삽입하거나 이동시킬 때가 있습니다. 그러나 매번 마우스로 행이나 열을 선택해서 우클릭하고 삽입하는 것은 꽤 귀찮고, 실수도 하게 됩니다.

그럴 때 단축키를 사용하면, 실수하지 않고 효율적으로 작업을 진행할 수 있습니다. 먼저, 행렬의 삽입이나 이동 전에 단축키를 사용하는 선택 방법을 소개합니다.

행을 선택하려면 영숫자 모드로 Shift + Space 이고, 열을 선택하려면 Ctrl + Space 입니다. 이것은 잠시 후에 소개하는 「행렬의 삽입」이나 「이동·카피」 등 사용할 기회가 많으니 기억해 둡시다.

새로운 행렬을 삽입하고 싶은 경우에는 행렬을 선택하고 Ctrl + + 를 누르면 선택한 행의 위쪽 또는 열의 왼쪽으로 삽입됩니다. 행렬을 삭제하고 싶은 경우에는 행렬을 선택해 Ctrl + 「−」를 누르면 삭제됩니다.

복수 행이나 열을 선택하면 그 수만큼 행이나 열을 삽입·삭제할 수 있습니다.

그 외에 행렬을 복사하거나 잘라 내어 삽입하는 경우에도 단축키를 사용할 수 있습니다. 복사해 삽입하려면 대상의 행렬을 선택해서 Ctrl + C 로 복사하고, 이동하려는 행렬을 선택한 후 Ctrl + Shift + + 로 삽입합니다. 또한, 잘라 내어 삽입하려면 대상의 행렬을 선택한 후 Ctrl + X 로 잘라 내어 이동하려는 행렬을 선택한 후, Ctrl + Shift + + 로 삽입합니다. 어려울 것처럼 보이지만, 익숙해지면 간단하게 활용할 수 있는 매우 편리한 방법이니 꼭 반복 사용해서 몸에 익히십시오.

행렬의 선택/삽입/이동의 단축키

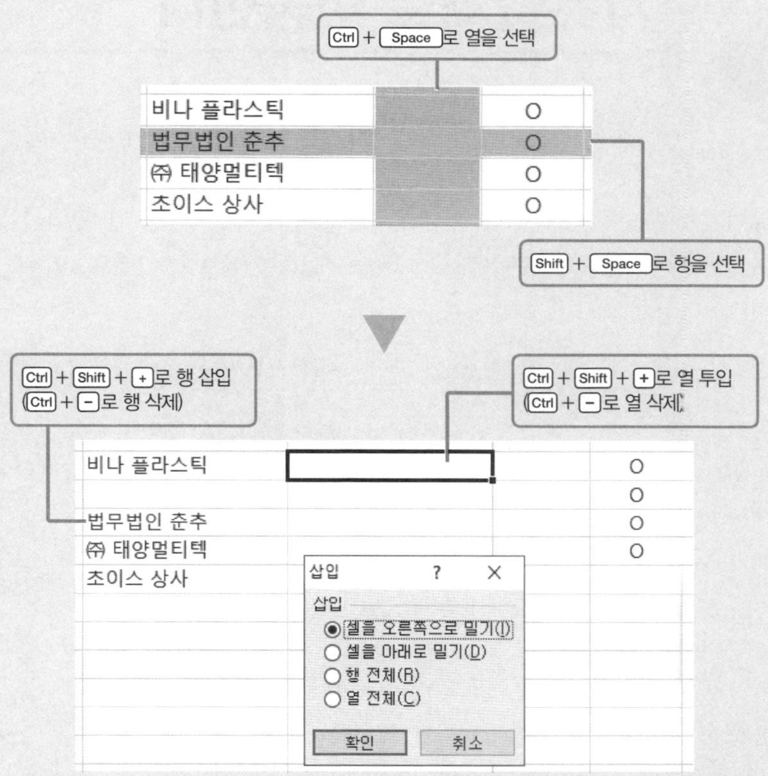

※ 역자 주: 열이나 행을 선택한 상태에서 다시 선택 시 셀 전체 선택이 됨

시트 내에서
자유자재로 이동한다

여러 페이지에 걸친 긴 리스트에서는 커서 이동이나 스크롤도 쉬운 일이 아닙니다. 특히, 「방향키」만을 사용해 이동 시에는 키보드를 계속 두드려야 합니다. 이것은 스마트하다고 할 수 없습니다.

이럴 때 단축키를 사용하면 더 간단하게 자유자재로 시트 안을 돌아다닐 수 있습니다.

예를 들어, PageUp(PgUp) 이나 PageDown(PgDn) 을 사용하면 1 페이지 단위로 척척 상하로 커서를 이동시킬 수 있습니다. 여러 페이지에 걸친 긴 리스트를 효율적으로 체크하기 위해서는 필수적인 기술입니다.

또한, Ctrl + ← → 방향키로 커서를 데이터 영역의 왼쪽·오른쪽 끝으로 이동시킬 수 있습니다.

예를 들어, 옆으로 긴 리스트에서 맨 앞줄이나 마지막 줄 근처의 셀을 편집하고 싶은 경우, 이 방법을 쓰면 원하는 장소에 빨리 이동할 수 있습니다.

비슷하게 Ctrl + ↑ ↓ 방향키로 데이터 영역의 선두 행·말미 행으로 커서를 이동시킬 수 있습니다. 예를 들어, 기존 파일을 열었을 경우 마지막 종료 시의 커서 위치에서 시작하는데, 작업 목적에 따라 거기로부터 단숨에 선두 행 또는 말미 행의 셀로 커서를 이동할 수 있습니다.

또한, Ctrl + Home 을 누르면 어떤 위치에서도 문서 맨 앞으로 커서를 이동할 수 있습니다. 이것은 작업 도중에 커서 위치를 잊어버렸을 때 편리합니다. 덧붙여서, 저는 별로 사용하지 않지만, Ctrl + End 를 누르면 문서 맨 뒤로 커서를 이동할 수 있습니다.

마지막으로, 여기까지 소개한 커서 이동 비결은 모두 Shift 를 조합하여 이동 범위를 선택할 수도 있습니다. 이 이동 기술들은 꽤 편리하니 꼭 활용하시기 바랍니다.

시트 내 커서 이동하기

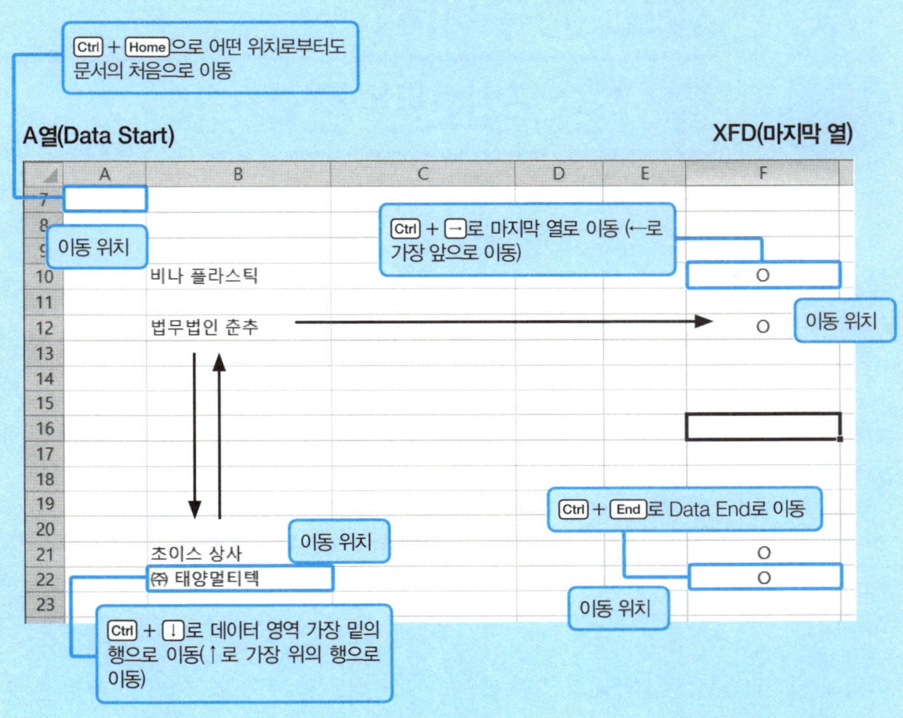

Tip

이동 단축키

단축키	설명	단축키	설명
Alt + Page Up	한 화면 왼쪽으로 이동	Alt + Page Down	한 화면 오른쪽으로 이동
Ctrl + Page Up	이전 시트로 이동	Ctrl + Page Down	다음 시트로 이동

필터 기능으로 정보 홍수에서 필요한 정보만 골라낸다

명부나 리스트 등 지금까지 모은 데이터가 정리나 갱신되지 않고 PC에 깊숙이 파묻힌 채로 있는 사람은 없습니까? 엑셀의「자동 필터」기능을 사용하면 이러한 데이터 더미에서 필요한 정보만을 꺼내 다시 활용할 수 있습니다.

명부나 리스트 외의 각종 분석 작업을 할 때도 필터 기능을 사용하면 대량의 데이터 속에서 필요한 정보만을 신속하게 분류·추출할 수 있습니다.

이 기능을 사용하려면 먼저, 골라내고 싶은 데이터가 있는 행에 커서를 이동시키고, Ctrl + Shift + L 을 눌러 데이터 범위에 필터를 생성시킵니다(다시 Ctrl + Shift + L 을 누르면 필터 취소).*

다음에 필터가 생성된 상태에서 조건 설정을 하고 싶은 열(▼가 붙어 있는 셀)에서 Alt + ↓ 방향키를 누르면 추출 조건을 지정하는 선택 화면이 열립니다.

그 후 선택 화면으로부터「텍스트(또는 숫자) 필터」나「검색」등을 선택·입력하고 확인을 누르면 조건에 해당하는 행만 표시됩니다.

덧붙여 입력 행 지정은 ↑ ↓ 방향키로 이동해 Ctrl + Space 로 체크를 선택하거나 제외하거나 할 수 있습니다. 익숙해지면 영업 리스트나 타깃 리스트 등 전략적 자료를 단시간에 작성할 수 있으므로 틀림없이 상사나 동료로부터 주목 받는 사람이 될 것입니다.

---

*역자주: Shift + Space bar를 눌러 행을 선택하고 필터를 생성하면 좋음.

필터의 활용법 극대화

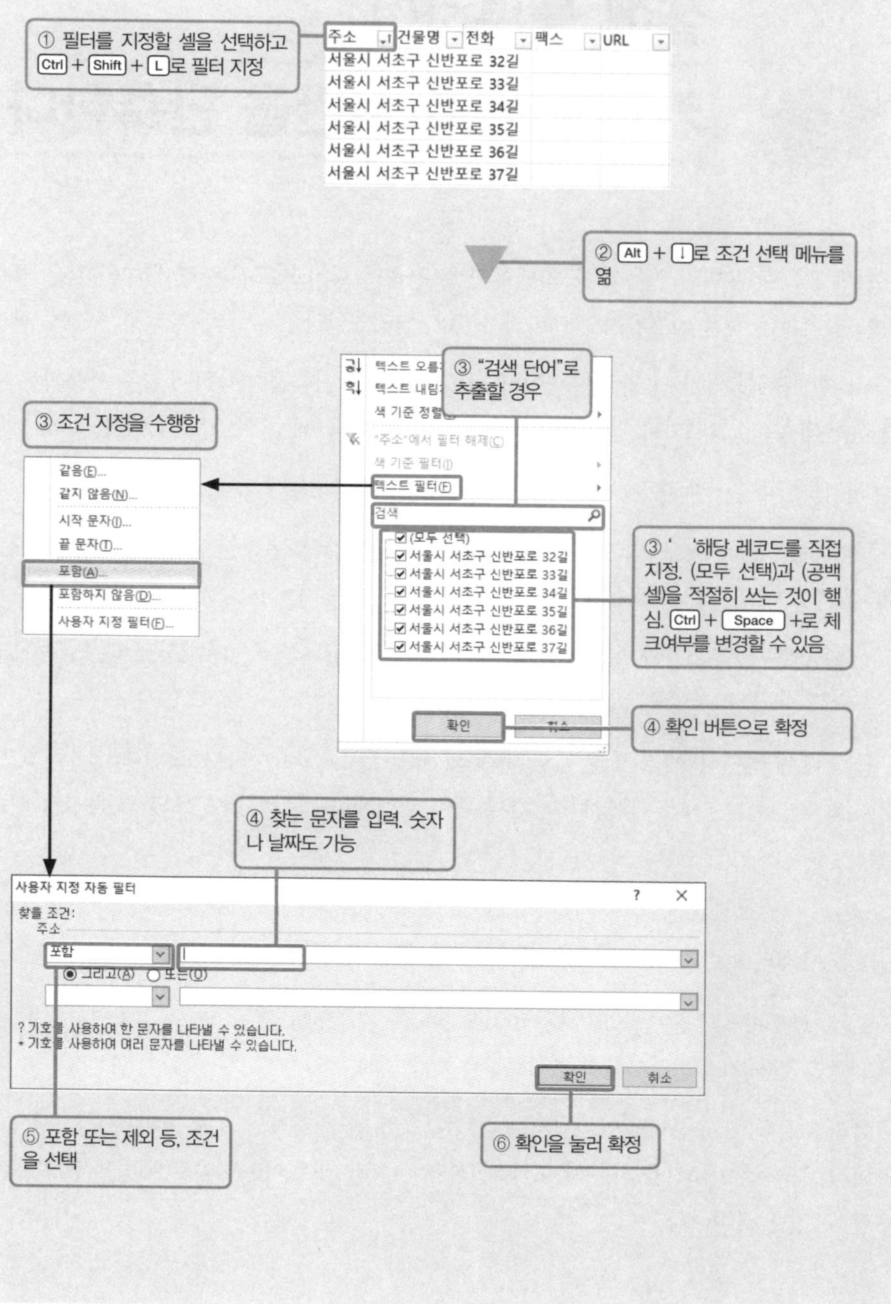

① 필터를 지정할 셀을 선택하고 Ctrl + Shift + L로 필터 지정
주소　건물명　전화　팩스　URL
서울시 서초구 신반포로 32길
서울시 서초구 신반포로 33길
서울시 서초구 신반포로 34길
서울시 서초구 신반포로 35길
서울시 서초구 신반포로 36길
서울시 서초구 신반포로 37길
② Alt + ↓로 조건 선택 메뉴를 엶
③ "검색 단어"로 추출할 경우
③ 조건 지정을 수행함
텍스트 오름차순
텍스트 내림차순
색 기준 정렬
"주소"에서 필터 해제(C)
색 기준 필터(I)
텍스트 필터(F)
검색
☑ (모두 선택)
☑ 서울시 서초구 신반포로 32길
☑ 서울시 서초구 신반포로 33길
☑ 서울시 서초구 신반포로 34길
☑ 서울시 서초구 신반포로 35길
☑ 서울시 서초구 신반포로 36길
☑ 서울시 서초구 신반포로 37길
같음(E)...
같지 않음(N)...
시작 문자(I)...
끝 문자(T)...
포함(A)...
포함하지 않음(D)...
사용자 지정 필터(F)...
③' '해당 레코드를 직접 지정. (모두 선택)과 (공백 셀)을 적절히 쓰는 것이 핵심. Ctrl + Space +로 체크여부를 변경할 수 있음
확인　취소
④ 확인 버튼으로 확정
④ 찾는 문자를 입력. 숫자나 날짜도 가능
사용자 지정 자동 필터
찾을 조건:
주소
포함
● 그리고(A)　○ 또는(O)
? 기호를 사용하여 한 문자를 나타낼 수 있습니다.
* 기호를 사용하여 여러 문자를 나타낼 수 있습니다.
확인　취소
⑤ 포함 또는 제외 등, 조건을 선택
⑥ 확인을 눌러 확정

자주 사용하는 문자를 셀에 등록하여 키보드 입력 시간을 단축한다

업무 관리표나 일일 업무표 등 엑셀로 만든 전형적 형식으로 같은 셀에 매일 같은 기호나 말을 입력하는 것은 비효율적인 데다가 실수의 원인입니다.

이러한 문제를 막기 위해서는 「데이터 유효성」이라는 기능을 사용하여 자주 사용하는 문자를 등록해 두고, 그때마다 입력하지 않고 선택만 하도록 하는 것을 추천합니다.

「데이터 유효성」 설정은 단축키 Alt + D → L 입니다.

차례대로 키를 누르면 「데이터 유효성」이라는 화면이 열리므로 「설정」 탭의 「유효성 조건」란에 「제한 대상(A)」에서 「목록」을 선택합니다.

「원본」에는 선택 조건으로 지정하고 싶은 복수의 문자/문장을 「,」로 구분하여 입력하고, 마지막으로 「확인」을 누르면 등록 완료입니다.

등록 후에 해당 셀에 커서를 대면 아래 화살표(↓) 박스가 나타나므로 Alt + ↓ 를 누르면 선택 가능한 문자가 나타납니다. 해당 문자를 선택하고, Enter 를 누르면 그 문자가 입력됩니다.

저는 업무 관리표의 진척 상황(Open, On-Going, Close)이나 중요도(High, Mid, Low), 앙케트의 답변 선택사항(1, 2, 3, 4, 5) 등을 등록합니다.

또한, 「데이터 유효성」을 설정하지 않아도 필터가 설정되어 있는 아래의 열이면 Alt + ↓ 를 누르면 그것들을 선택 문자로서 표시시킬 수 있습니다.

여러분도 항상 사용하고 있는 관리표나 업무표 등을 재평가해 보고, 반복적으로 사용하는 말이 있으면 입력 규칙을 사용해 보기 바랍니다. 여러 가지 아이디어로 폭넓은 활용법을 발견할 수 있을 것입니다.

데이터 유효성을 사용하여 문자를 선택하는 방법

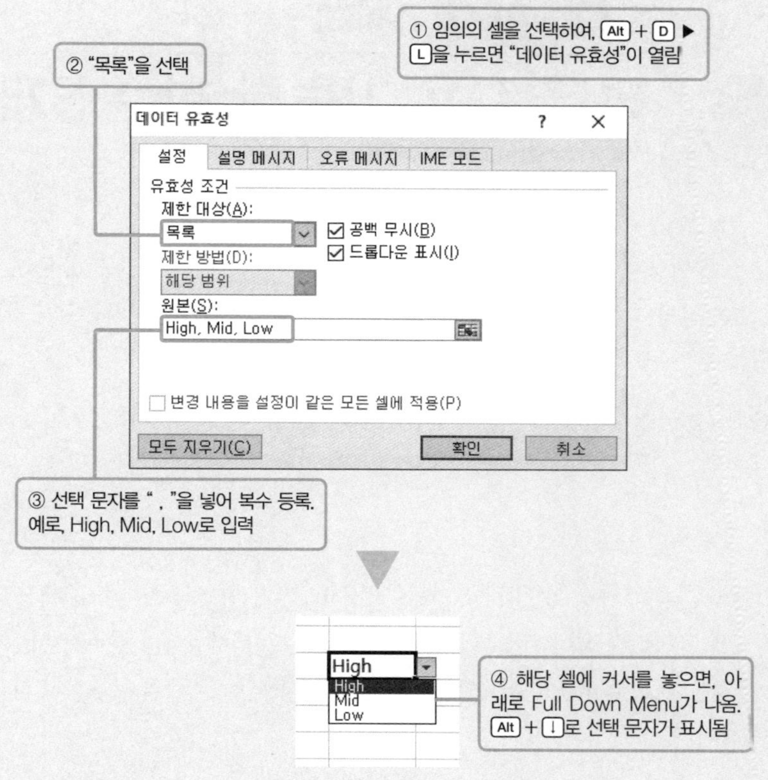

데이터 유효성을 사용하지 않고 선택

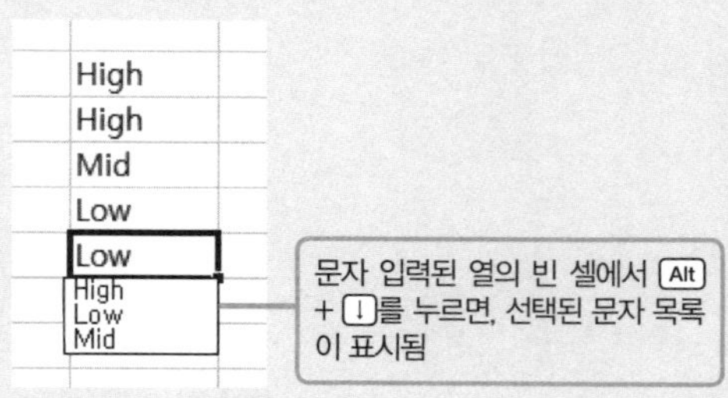

계산이나 표 제작을 간편하게 하는 바로 사용 가능한 함수 5개

여러분은 엑셀의 「함수」 기능을 사용합니까? 함수라면 어쩐지 어려울 것 같은 이미지가 있지만, 실은 그렇지 않습니다. 잘 활용하면 일이 정말 간단해지는 편리한 함수를 5개만 소개합니다.

우선은 이 정도만 기억해 두면 충분하다고 생각합니다.

① ◆ Shift + F3

셀 위에서 누르면 「함수 마법사」가 열려, 선택사항에서 적절한 함수를 선택할 수 있습니다. 함수명을 몰라도 검색이나 범주 선택에서 찾으면, 선택사항에 나타나는 함수명과 해설로 필요한 것을 찾을 수 있습니다. 반복 사용해서 기억하면 이 기능을 사용하지 않고 직접 입력해도 좋습니다.

② Alt + M → U → S

숫자가 들어가 있는 열의 가장 아래 행에서 이 키를 누르면 SUM 함수가 삽입됩니다. 언제라도 덧셈 값이 생기므로 계산기 대신 사용할 수 있습니다.

③ = TODAY ( )

파일에 당일 날짜를 자동으로 표시하게 하는 함수입니다. 인쇄할 때 날짜 입력의 수고를 덜어 주거나 소요 날짜나 나이 등을 계산하는 경우에 사용할 수도 있습니다.

함수를 사용하여 계산이나 표를 쉽게 작성

① **Shift** + **F3**

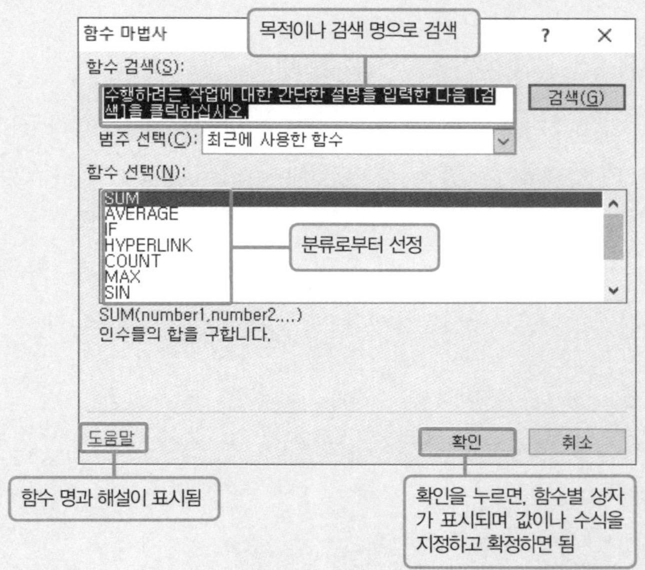

함수 명과 해설이 표시됨

확인을 누르면, 함수별 상자가 표시되며 값이나 수식을 지정하고 확정하면 됨

② **Alt** + **M** → **U** → **S**

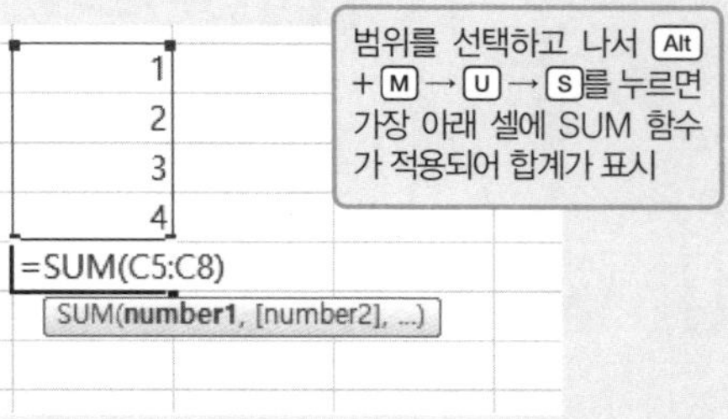

범위를 선택하고 나서 Alt +M→U→S를 누르면 가장 아래 셀에 SUM 함수가 적용되어 합계가 표시

④ = ROW ( ) − (숫자)

표의 행수를 기준으로 번호를 매기는 함수로 표를 만들 때 항 번호 부여에 사용할 수 있습니다. 예를 들어, 1행째를 타이틀, 2행째를 항목, 3행째부터 데이터를 넣고 싶은 경우에는 「= RO W ()− 2」를 A3 이후의 셀에 복사하면 1, 2, 3, 4……처럼 됩니다.

⑤ = vlookup (검색값, 범위, 열번호, [검색의 형태])

지정한 범위에서 검색 조건에 일치하는 데이터를 추출해 주는 함수입니다. 예를 들어, 미리 상품 대장을 준비하여 상품 코드를 입력하면 단가나 상품명을 표시할 수도 있습니다. 저는 2개 명부의 데이터 사이에 중복 여부를 조사하는 경우에도 활용합니다.

어떻습니까? 그렇게 어렵지는 않다고 생각합니다. 이것을 기억하면 단축키 이상으로 엑셀 작업을 효율화할 수 있으니 반드시 이 5개의 함수를 사용해 보시기 바랍니다.

Tip

vlookup의 함수 인수

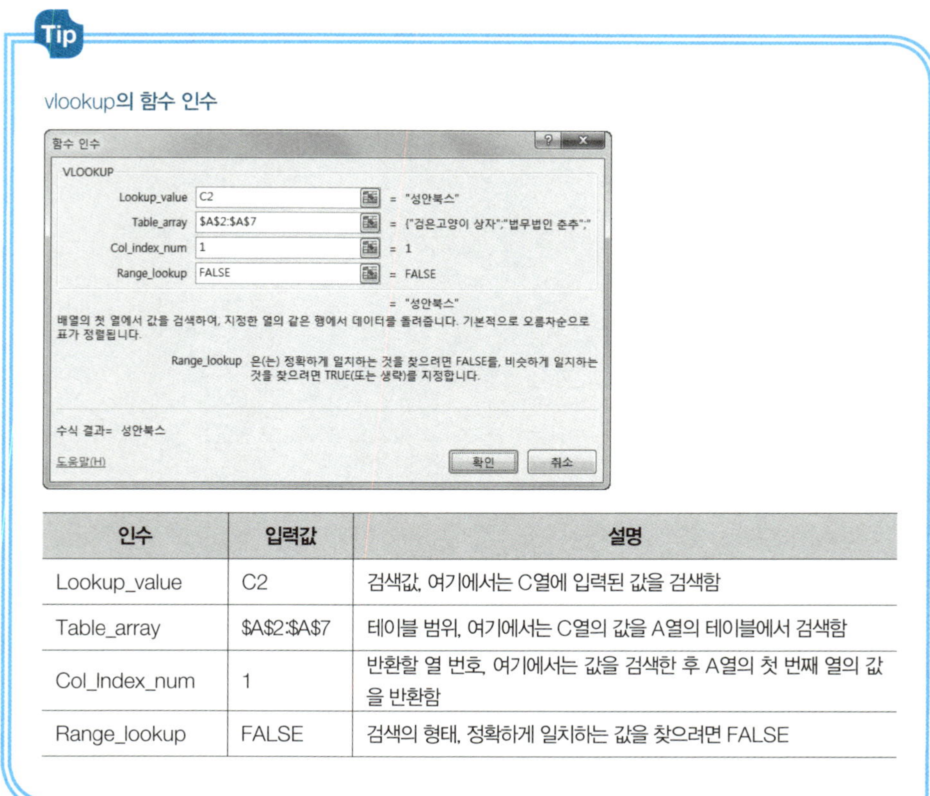

인수	입력값	설명
Lookup_value	C2	검색값, 여기에서는 C열에 입력된 값을 검색함
Table_array	$A$2:$A$7	테이블 범위, 여기에서는 C열의 값을 A열의 테이블에서 검색함
Col_Index_num	1	반환할 열 번호, 여기에서는 값을 검색한 후 A열의 첫 번째 열의 값을 반환함
Range_lookup	FALSE	검색의 형태, 정확하게 일치하는 값을 찾으려면 FALSE

함수를 사용하여 계산이나 표를 쉽게 작성(계속)

③ = TODAY()

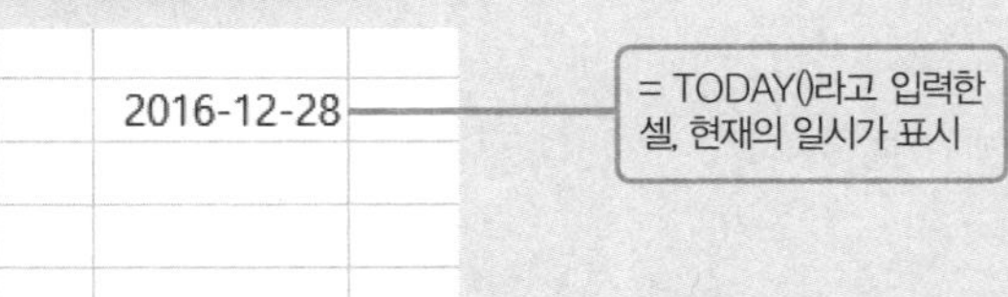

2016-12-28

= TODAY()라고 입력한 셀, 현재의 일시가 표시

④ = ROW()−(숫자)

	A	B
1		
2	#	명칭
3	1	
4	2	
5	3	
6	4	

행 번호로부터 2를 뺀 숫자로 순선을 매기기 위해 =ROW()−2을 A3부터 A6까지 복사하면, 1부터 순번이 표시됨

⑤ =vlookup(검색값, 범위, 열번호, [검색의 타입])

	A	B	C	D
1	Data(1)		Data(2)	vlookup
2	검은고양이 상자		성안북스	성안북스
3	법무법인 춘추		춘추	#N/A
4	태양멀티텍		초이스 상사	초이스 상사
5	초이스 상사		타워팰리스	#N/A
6	라미엘		태양멀티텍	태양멀티텍
7	성안북스		상자	#N/A
8				

Data (1)과 Data (2)를 비교하는 경우, D열에 = vlookup(C2,$A$2:$A$7,1,FALSE)을 입력하고, A7까지 Copy. 중복이 없는 경우 #N/A, 중복이 있는 경우 그 외 값이 표시된다.

제4장

실수나 낭비를 없앤다!

워드 시간 단축 기술 편

보고서나 계약서 등의 비즈니스 문서를 작성할 경우 시간이 오래 걸립니다. 보고서를 쓰기 시작하면 눈 깜짝할 사이에 한 시간 이상 시간이 지나 버린 경험이 누구나 있을 것입니다.

물론, 알기 쉬운 문장을 빠르고 정확하게 쓰는 기술을 몸에 익힌다면 시간을 단축할 수 있겠지만, 이러한 기술은 단기간에 몸에 익힐 수 없습니다.

비즈니스 문서를 작성할 때는 많은 사람이 마이크로소프트의 문서 작성 소프트웨어인 「워드」를 사용하고 있을 것입니다.

따라서 이번 장에서는 글짓기 실력에 관계없이 워드의 편리한 기능을 사용하여 쓸데없는 일이나 실수를 줄여서 문서 작성에 걸리는 시간을 단축하는 방법을 설명합니다.

문자 크기와 글씨 굵기를 변경하는 단축키

워드로 문서를 작성할 때 표제나 강조하고 싶은 부분 등 문자의 크기를 크게 하고 싶은 경우가 있습니다. 그러나 그때마다 글꼴 메뉴로부터 크기를 지정해 변경하는 것은 귀찮습니다.

그럴 경우에 문자 크기를 매우 간단히 재빠르게 변경하는 단축키를 소개합니다.

크기를 바꾸고 싶은 문자를 선택해서 Ctrl + 〉* 혹은 〈를 누르면 됩니다. 〉(= ◆Shift + .) 을 누르면 크기가 1단계 커지고, 〈(= ◆Shift + .를 누르면 1단계 작아집니다.

단지 이것뿐입니다.

또한, 크기 변경과 함께 빈번히 사용하는 것이 문자를 굵은 글씨로 하는 것입니다.

이 단축키도 간단해서 문자를 선택한 상태에서 Ctrl + B를 누르면 됩니다.

이 두 가지를 기억해 두면 기본적인 문자 입력이 원활하게 됩니다.

이러한 기술은 특히 기획서나 엔터테인먼트 콘텐츠 제작 등에 활용할 수 있습니다. 문자를 크게 하거나 굵은 글씨를 잘 사용해 문장에 특색을 주면, 가독성이 좋아져서 읽는 사람에게 보다 큰 임펙트를 줄 수 있기 때문입니다.

수수께끼 풀기 이벤트를 기획하고 있는 제 회사에서도 이 기술을 자주 활용합니다.

예를 들어, 기획서나 이벤트 대본의 중요한 부분에서 「대특집!」 등의 한 단어를 커다랗게 넣는 것만으로 파워가 느껴집니다(공식적인 문서에서는 사용할 수 없습니다만).

이와 같이 문자의 크기나 굵기를 바꾸는 것만으로 메시지의 전달력이 달라집니다. 여러분도 이 비결을 잘 활용하여 짧은 시간에 매력적인 기획서를 완성해 보십시오.

---

*역자 주: 글자 크기를 키우는 것은 「Ctrl」+ 〉즉, Ctrl + Shift + . 줄이는 것은 Ctrl + 〈 즉, Ctrl + Shift + .로 기억한다.

문자의 크기 변경 및 굵게 표시 하는 단축키

Ctrl + **〉** ▶ Size를 1단계 키움

Ctrl + **〈** ▶ Size를 1단계 줄임

Ctrl + **B** ▶ 선택한 문자를 굵게 표시

Tip

글꼴 및 정렬 단축키

단축키	설명	단축키	설명
Ctrl + I	기울임꼴	Ctrl + L	텍스트 왼쪽에 맞춤
Ctrl + E	텍스트 가운데 맞춤	Ctrl + R	텍스트 오른쪽에 맞춤
Shift + F3	대/소문자 바꾸기	Ctrl + Shift + A	모든 문자를 대문자로 지정

마우스를 쓰지 않고 색깔 변경

문서 작성 시 글꼴의 크기나 굵기 변경 다음에 자주 사용하는 것이 글꼴의 종류나 색 등의 변경입니다. 이것들도 마우스를 사용하지 않고 단축키로 간단으로 변경할 수 있습니다.

먼저, 문자를 선택하고 나서 Ctrl + D 를 눌러 글꼴 설정 화면을 엽니다.

거기에서 글꼴 종류나 색, 보통 · 기울임꼴 · 굵게 등의 스타일 선택, 크기의 변경, 밑줄이나 취소선의 지정 등이 가능합니다.

문자 장식은 Ctrl + D 라고 기억해 둡시다.

덧붙여서, 일반적인 비즈니스 문서라면, 「MS명조」, 매뉴얼 등은 「MSP고딕」, 영숫자는 「Century」나 「Arial」이라는 글꼴을 자주 사용합니다.

색은 디폴트로 「자동」이 되어 있지만, 강조하고 싶은 곳이나 경고 부문 등에는 빨간 글씨, 무언가 의미를 첨부하고 싶은 경우는 파란 글씨를 자주 사용합니다.

여담입니다만, 저는 기획서나 프레젠테이션 자료를 작성할 때 읽는 사람에게 보다 쉽게 전달될 수 있도록 글꼴 종류를 바꾸려고 연구합니다. 문서에 따라 글꼴을 잘 구분하여 사용하면 분위기가 달라지므로 적절히 쓰도록 추천합니다.

선택한 문자의 글꼴이나 색을 변경

글꼴의 종류와 색의 변경 ▶ Ctrl + D

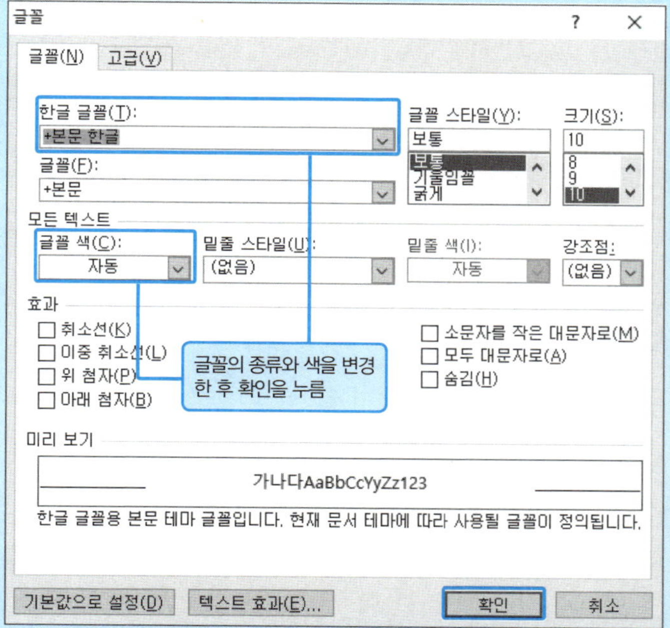

> **Tip**
>
> 「제어판」의 「글꼴」을 클릭하면 내 PC에 설치된 글꼴을 확인할 수 있습니다.
>
> 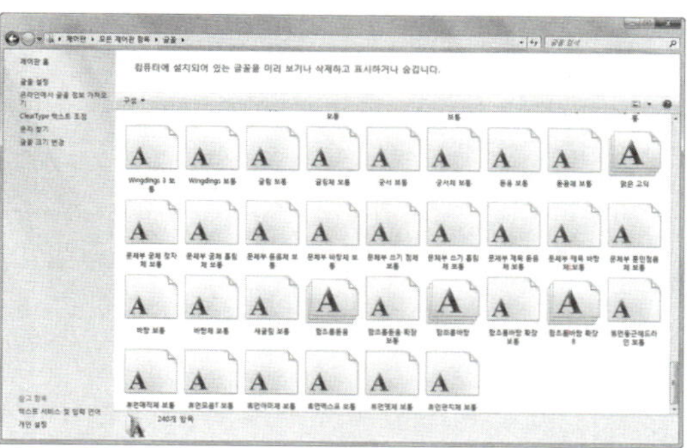

의외로 잘 모르는
간편한 밑줄 사용법

워드에서는 문자를 선택하고 Ctrl + U 를 누르면 밑줄을 그을 수 있습니다.

단순한 기능이지만, 잘 쓰고 있는 사람은 의외로 적다는 생각이 듭니다. 따라서 여기에서는 밑줄의 3가지 용도를 소개하고 싶습니다.

첫 번째, 중요한 부분이나 강조하고 싶은 부분에 사용하는 경우.

밑줄은 색 변경과는 다르게 흑백 인쇄 시에도 분명히 알 수 있고 굵은 글씨보다 눈에 띕니다.

두 번째, 자기 자신이 기억해 두고 싶은 부분에 밑줄을 긋는 경우.

저는 세미나 참가 시에 메모를 하거나 회의록을 작성할 경우에 자주 사용합니다.

세 번째, 「＿＿＿」과 같이 공백을 만드는 경우.

이것은 신청서 포맷이나 앙케트의 회답 용지 등을 작성할 때 사용할 수 있습니다.

앞에서 설명한 선택한 문자를 굵은 글씨로 하는 단축키 Ctrl + B 와 세트로 기억해 두면 보다 전달력이 있는 문서를 보다 효율적으로 만들 수 있습니다.

밑줄의 활용법(예)

밑줄은 ▶ `Ctrl` + `U`

① 중요한 내용이나 강조하고 싶은 부분

▶ 개최일시 : 2016/12/28 09:00~10:00
▶ 개최장소 : 검은고양이 상자
▶ 참가자: 임재덕, 임재황, 이상규
▶ 실행과제 : 공유서버에 필요한 폴더 구조
▶ 논의내용 :
[현황분석]
- 현재는, 일정한 규칙이 없어 모두가 공유하여 쉽게 찾을 수 있는 폴더 구조 생성이 중요…

[향후 방향]

② 자신이 외우고 싶은 부분에 사용(메모나 회의록 등)

⑤ 분석 결과를 올바르고 서로 알기 쉽게 전달한다
데이터 분석에서는 다양한 결과가 나온다. 이것을 비즈니스의 과제를 발견해 해결하는 관점에서 올바르고 알기 쉽게 전해야 한다. 올바른 가설을 검증해 놀라운 해석을 한다면 금상첨화 다.
분석 결과의 프레젠테이션은 다음 단계에서 무엇을 해야 하는가를 알 수 있도록 명확히 해야 한다.

③ 공백을 만들기 위함

예를 들어 슈퍼에서 상품이 팔리는 방법을 파악하고 싶다면 상품수가 너무 많기 때문에 보통은 ___________단위의 상품으로 나누지만 어느 정도 자세하게 볼 것인지에 대한 판단이 필요하다. _______________ 카테고리를 대분류로 할 것인지? 특정 메이커의 맥주(500 밀리리터)와 특정 메이커의 종이 기저귀는 소분류로 할 것인지? 보는 레벨에 의해서 「발견」의 내용이 완전히 다르게 된다.

Tip

밑줄 단축키

단축키	설명	단축키	설명
`Ctrl` + `Shift` + `D`	텍스트에 이중 밑줄	`Ctrl` + `Shift` + `A`	공백 제외 밑줄

인쇄 미리보기를 잘 쓰면 인쇄 실수로 인한 낭비를 줄일 수 있다

문서를 인쇄해 보면 생각한 대로 인쇄되지 않는 경우가 발생합니다. 그럴 때는「인쇄 미리보기」기능으로 인쇄될 이미지를 미리 확인하십시오.

인쇄 미리보기는 Ctrl + P 또는 Ctrl + F2 로 열릴 수 있습니다(해제는 Esc).

한마디로「인쇄」라고 해도 다양한 설정을 할 수 있고, 그것을 잘 다루면 문서 작성의 폭이 넓어지고, 인쇄 실수로 종이나 시간의 낭비도 줄일 수 있으니 꼭 기억해 두십시오.

인쇄 미리보기 기능에서는 다음과 같은 설정을 할 수 있습니다.

① **인쇄할 페이지 선택:** 모든 페이지를 인쇄할지 지정한 페이지만을 인쇄할지 선택할 수 있습니다.

② **한 면·양면 인쇄 선택:** 책이나 대본과 같은 양면 인쇄가 필요한 문서 작성 시, 인쇄용지 절약으로도 쓸 수 있습니다.

③ **인쇄 단위 선택:** 1개 파일을 여러 부 인쇄할 경우 페이지 단위나 부 단위로 선택할 수 있습니다. 예를 들어, 2페이지짜리 문서의 경우 페이지 단위라면「1, 1, 2, 2」, 부 단위라면「1, 2, 1, 2」의 차례로 인쇄됩니다.

④ **인쇄 방향(세로·가로):** 문자 그대로 종이를 세로 방향으로 사용할지 가로 방향으로 사용할지 선택할 수 있습니다.

⑤ **용지의 선택:** 용지 크기를 선택할 수 있습니다.

⑥ **여백 폭 설정:** 여백 부분을 조정할 수 있습니다. 디폴트는 여백이 크기 때문에 저는 좁게 설정합니다.

⑦ **1장당의 인쇄 페이지수:** 한 장의 종이에 여러 페이지를 인쇄할 수 있습니다. 이 기능은 A5 크기의 책자나 라벨 인쇄 등에도 편리합니다.

인쇄할 때의 다양한 설정

인쇄 미리보기 설정 ▶ Ctrl + P 혹은 Ctrl + F2

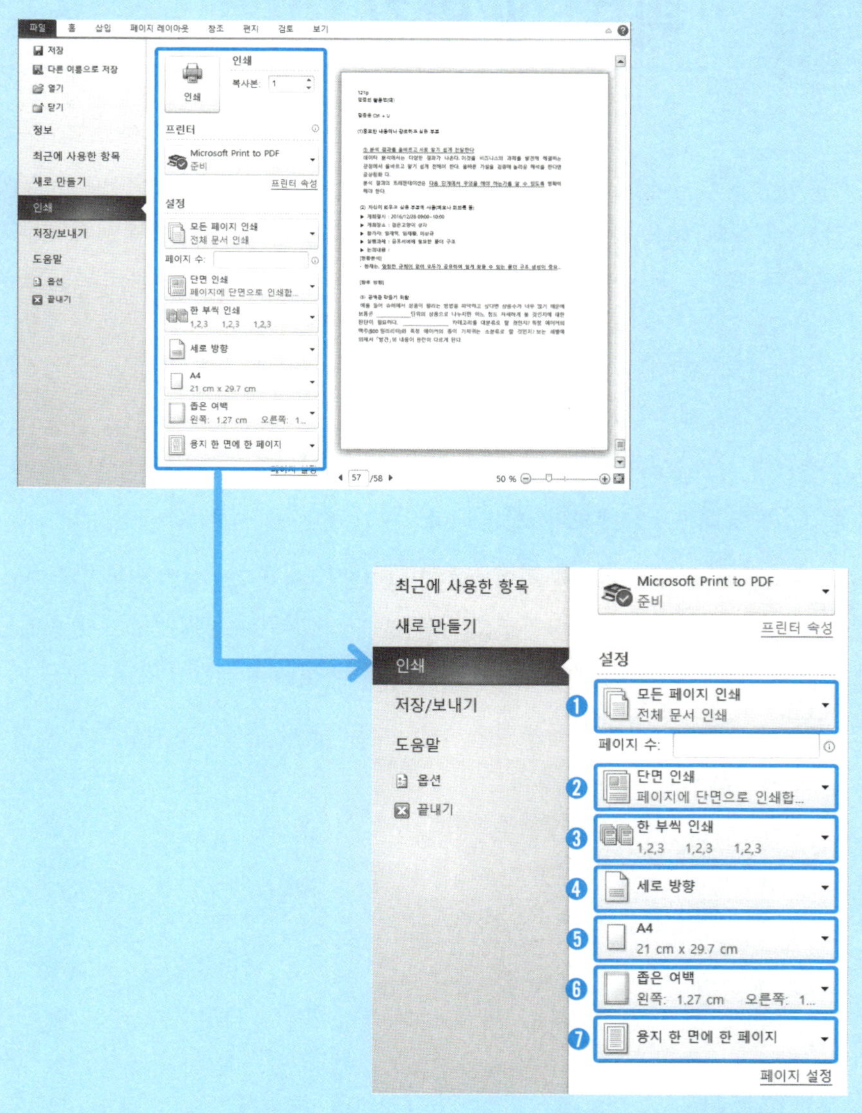

문서에서 실수를 직접 체크하지 않고 「워드」에 맡김

　문서를 작성할 때 영어의 스펠링 실수나 구두점이 잘못된 사용법, 「을, 를, 은, 는」 등의 조사 수정, 말 표현의 중복 등 실로 다양한 실수를 하게 됩니다. 이것을 완전하게 없애는 것은 불가능합니다. 오히려 저는 저지른 실수를 어떻게 찾아내 어떻게 고칠까 하는 것이 중요하다고 생각합니다. 그러나 실수를 찾아내기 위해서 문서를 반복해서 읽으며 교정하는 것은 시간을 아무리 들여도 충분하지 않습니다. 그럴 때에 편리한 것이 「맞춤법 및 문법 검사」라는 워드 애플리케이션의 체크 기능입니다.

　단축키인 F7 을 누르면 「맞춤법 및 문법 검사」 대화상자가 열려, 단어 오류나 같은 어구의 반복 등의 잘못에 대한 수정 후보가 표시됩니다.

　만약, 수정 후보 속에 적절한 것이 없거나 그 단어에 문제가 없으면 「한 번 건너 뛰기」나 「모두 건너뛰기」를 눌러 다음 수정 후보로 넘어갑니다. 표시된 수정 후보를 다음 번에도 사용하고 싶은 경우에는 「사전에 추가」 기능을 사용해 그 말을 등록해 두면 좋습니다.

　평소 F7 을 눌러 체크하는 버릇을 붙여 두면 작업 효율과 문서의 품질을 동시에 추구할 수 있을 것입니다.

맞춤법 및 문법 검사 기능 사용법

 **맞춤법 및 문법 검사** ▶ F7

입력 어구의 수정 예

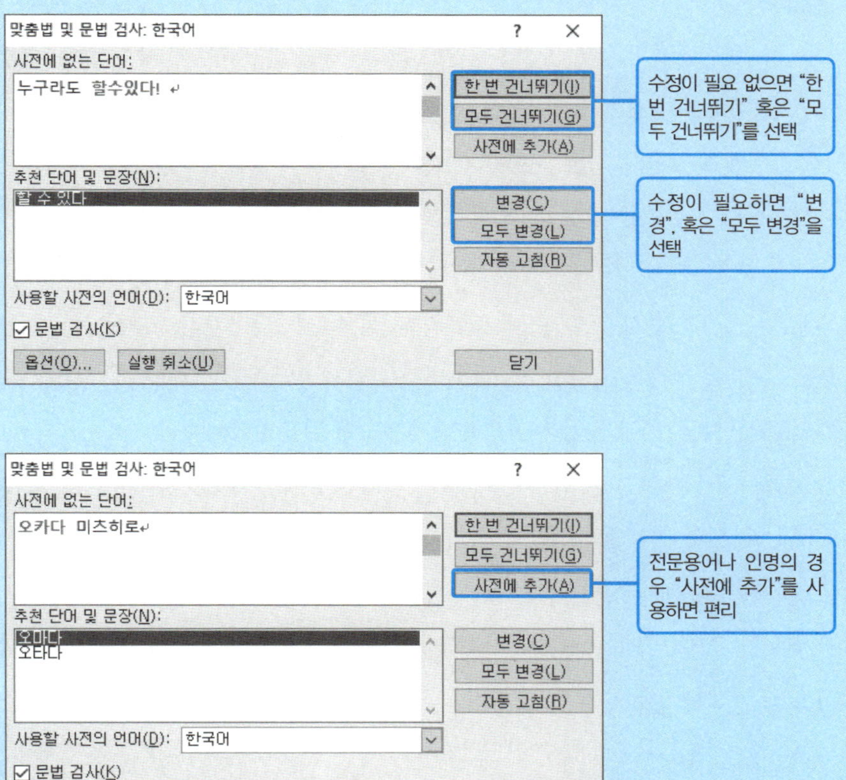

단어나 단락, 문서 전체를 마음대로 선택

이 책은 가능한 한 마우스를 쓰지 않고 키보드로 PC를 조작하는 방법을 알려드리고 있지만, 제가 자신에게 마우스 사용을 허락하는 몇 가지 조작이 있습니다. 그것은 워드의「문자 선택」기능입니다.

이것을 잘 사용하면 문자, 문단, 문서 등을 원하는 대로 선택할 수 있습니다.

여기에서는 마우스를 사용한 워드의 대표적인「선택」기술을 5가지 소개합니다.

① **문자 선택:** 단락 내의 임의의 위치에서 2회 클릭하면「문자」를 선택할 수 있습니다. 특정의 문자나 단어를 복사하여 검색하는 경우에 매우 편리합니다.

② **행 선택:** 여백 부분까지 포인터를 움직여 화살표로 변한 상태에서 1회 클릭 시「행」을 선택할 수 있습니다. 잘라 내기나 복사할 때 도움이 됩니다.

③ **문장 선택:** 단락 내의 임의의 위치에서 Ctrl 을 누르면서 클릭하면 . 까지 문장을 선택해 줍니다. 문장 하나를 잘라 내거나 복사할 때 사용할 수 있습니다.

④ **단락 선택:** 단락 내의 임의의 위치에서 3회 클릭하거나 왼쪽의 여백 부분에서 포인터가 화살표로 변했을 때 2회 클릭하면 단락을 선택할 수 있습니다. 이것은 문서 편집 이외에도 일부의 문장을 집중해 읽고 싶을 때나 다른 사람과 화면을 보면서 이야기할 때의 표시로도 사용할 수 있습니다.

⑤ **문서 전체 선택:** 문자를 입력하는 부분 밖에 있는 왼쪽 공백의 임의의 장소에서 Ctrl 을 누르면서 1회 클릭을 하거나 왼쪽 공백 장소에서 3회를 클릭하면 문서 전체를 선택할 수 있습니다. 덧붙여서, Ctrl + A 로도 선택할 수 있으니 상황에 따라 구분하여 사용하시기 바랍니다.

다양한 문서 선택 방법

단어나 단락, 문장 전체를 마음대로 선택.

본서는 가능한 한 마우스를 쓰지 않고 키보드로 PC를 조작하는 방법을 알려드리고 있습니다만 내가 자신에게 마우스 사용을 허락하는 몇 가지 조작이 있습니다. 그것은 워드의 「문자 선택」 기능입니다.

이것을 잘 사용하면 문자나 문장, 단락 등을 원하는 대로 선택할 수 있게 됩니다.

여기에서는 마우스를 사용한 워드의 대표적인 「선택」 기술을 5개 소개합니다.

① 문자 선택: 단락 내의 임의의 위치에서 2회 클릭하면, 「문자」를 선택합니다. 특정의 문자나 단어를 복사하여 검색하는 경우 등에 몹시 편리합니다.

(2) 행 선택: 여백 부분까지 포인터를 움직여, 화살표로 변한 상태에서 1회 클릭 시 「행」을 선택할 수 있습니다. 잘라내기나 복사할 때 등에 도움이 됩니다.

③ 문장 선택: 단락내의 임의의 위치에서 「Ctrl」을 누르면서 클릭하면 을 선택해 줍니다. 문장 하나를 잘라내거나 복사 할 때 등에 사용할 수

④ 단락 선택: 단락내의 임의의 위치에서 3회 클릭하거나 좌측의 여백 부분에서 포인터가 화살표로 변했을 때 2회 클릭하면 단락을 선택할 수 있습니다.

이것은, 문서 편집 이외에도, 일부의 문장을 집중해 읽고 싶을 때나, 다른 보면서 이야기를 할 때의 표시로서도 사용할 수 있습니다.

⑤ 문서 전체 선택: 좌측의 공간의 임의의 장소에서 「Ctrl」을 누르면서 클릭하거나, 3회 클릭을 하면 문서 전체를 선택할 수 있습니다. 덧붙여 「Ctrl」 + 「A」로도 선택할 수 있기 때문에, 상황에 따라 구분하여 사용해 주세요.

꼭 알고 싶은,
실수로 덮어써 버린 파일의
이전 버전을 찾는 방법

「문서 작성 중에 실수로 기존 파일 바꾸기 등으로 잘못 저장하여 원래대로 되돌릴 수 없게 되어 버렸다.」「저장하지 않고 종료되어 하루 종일한 작업이 날아가 버렸다.」

워드나 엑셀 등 오피스 소프트웨어를 자주 사용하는 사람이면 누구나 울고 싶은 경험이 한두 번 있을 것입니다.

아무리 조심해도 이러한 실수는 반드시 일어나는 것으로 시간을 들여 만든 자료가 물거품이 되는 것은 너무나 분합니다.

이번에는 그러한 경우에 쓸 수 있는 편리한 기술을 소개합니다.

실은 Office 2010 이후에는 잘못해서 덮어쓰기 저장을 했을 때를 대비하여 일정 간격으로 데이터를 자동 저장하여 필요한 경우 바로 이전 상태로 되돌릴 수 있는 「버전 관리」라는 매우 편리한 기능이 있습니다.

이것은 워드, 엑셀, 파워 포인트 등 주요한 오피스 소프트웨어에서도 사용할 수 있습니다.

이 기능은 디폴트로는 10분 간격으로 자동 저장되도록 설정되어 있는데, 이 간격은 다음과 같이 변경할 수 있습니다.

먼저, 오피스 소프트웨어에서 「파일」 → 왼쪽 메뉴에서 「옵션」 → 사이드 메뉴의 「저장」을 선택해 「자동 복구 정보 저장 간격」을 체크하고, 자동 저장 간격 시간을 입력합니다.

「저장하지 않고 닫는 경우 마지막으로 자동 저장된 버전을 유지합니다」에도 체크를 해두면 잘못해서 저장하지 않고 종료해 버려도 자동 저장된 데이터 가운데 마지막 것이 복구용 파일로서 저장됩니다. 그런 다음 「확인」을 누르면 설정 완료입니다.

자동 문서 저장 (사전 설정)

MS Office 소프트웨어에서 「파일」 ▶ 「옵션」

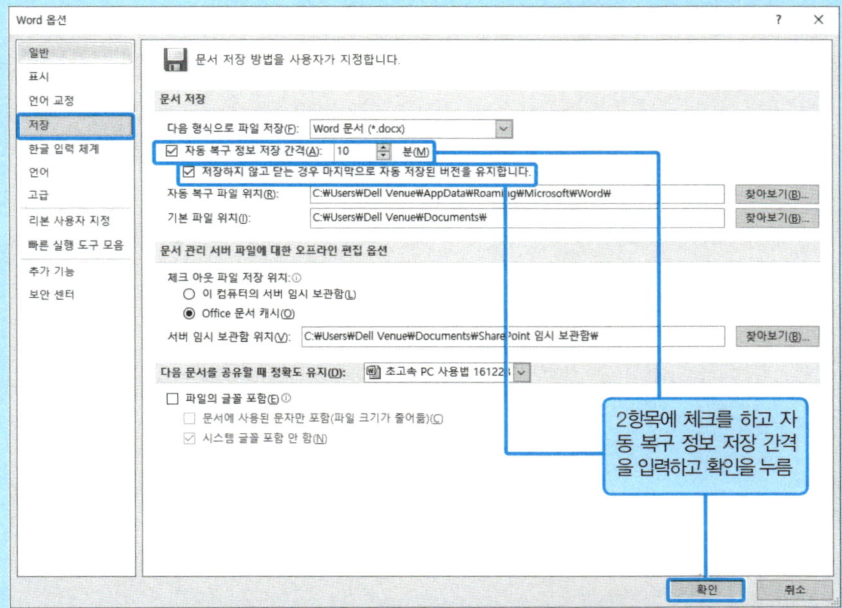

다음에는 파일을 잘못 덮어써서 저장해 버리는 등 복구시키고 싶은 상황이 생겼을 때의 대처법입니다.

순서는 다음과 같습니다.

「파일」 → 「정보」 탭 → 「버전 관리」 안에서 복구시키고 싶은 파일을 선택해 클릭하면 이전 버전 파일이 열립니다.

그리고 파일 상부에 표시되는 노란 바의 「복원」을 클릭하면 「마지막으로 저장한 버전을 선택한 버전으로 덮어씁니다.」라는 표시가 나오면 「확인」을 클릭합니다.

그러면 지정한 버전으로 복구되어 이전의 내용으로 회귀시킬 수 있습니다. 보존에 관한 실수는 언제 닥칠지 모릅니다. 아무리 조심해도 실수는 일어나는 법이므로 만약의 사태에서 당황하지 않기 위해서라도 꼭 이 기술을 마스터해 둡시다.

「버전 관리」 – 「저장되지 않은 문서 복구」를 클릭하여 저장되지 않은 최근 파일을 찾아볼 수 있습니다.

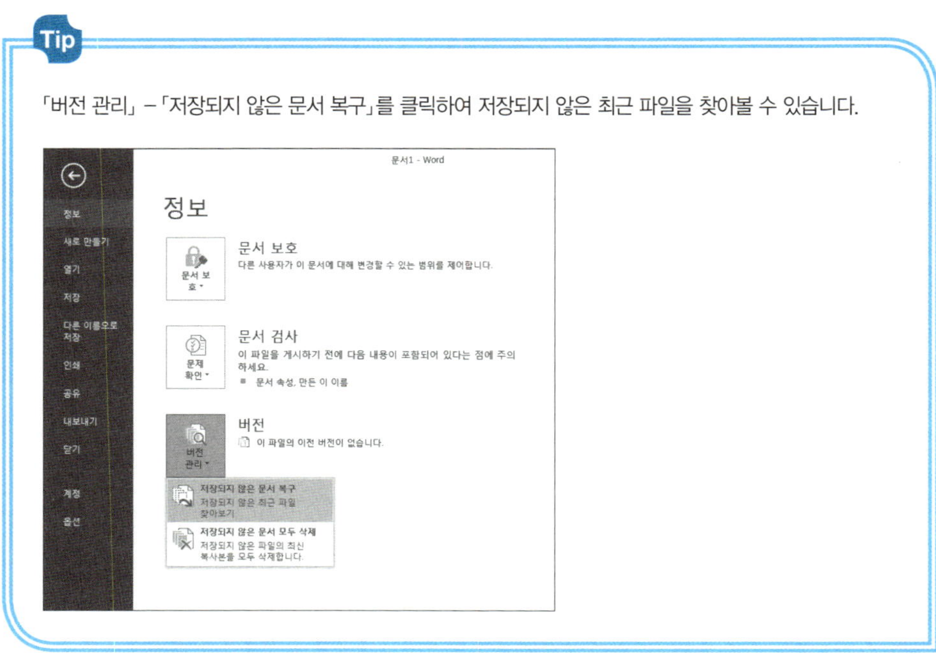

자동 문서 저장 (사전 설정) (계속)

MS Office 소프트웨어에서 「파일」 ▶ 「옵션」

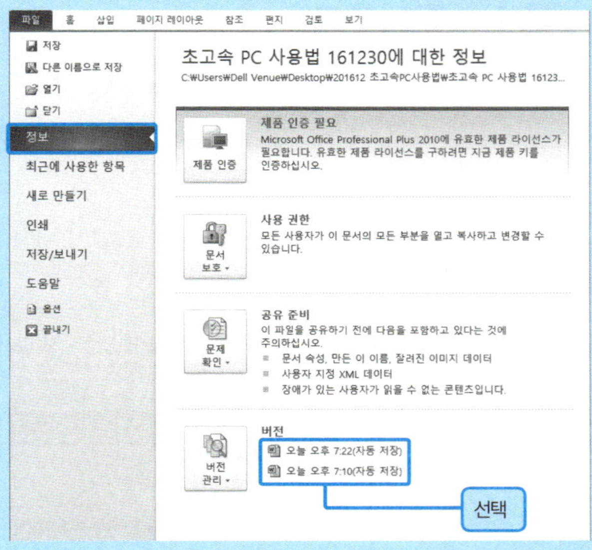

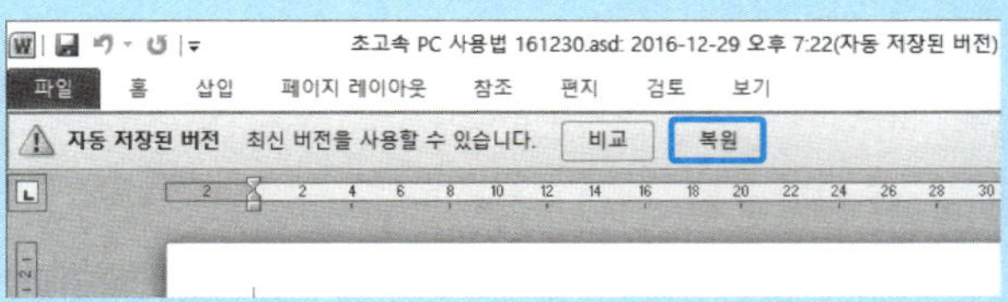

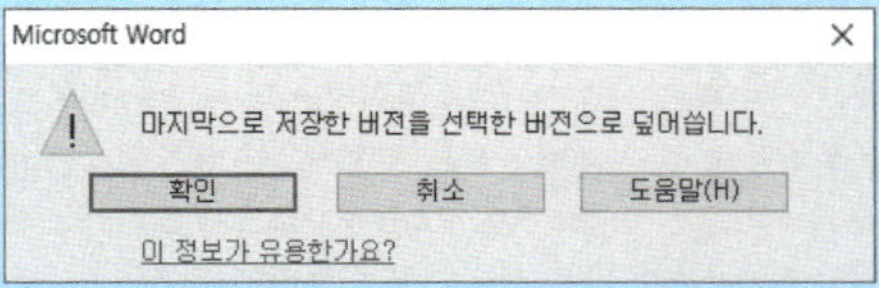

개요와 목차 기능으로 전달하기 쉬운 문서 만들기

과제나 보고서, 논문 등 긴 글을 써야 하는 경우 계획 없이 되는 대로 쓰다 보면 도중에 전하려던 것이 무엇이었는지도 모르게 되는 일이 있습니다. 이와 같이 전체 구성을 생각하지 않고 글을 쓰기 시작하면 요점을 잡기 힘든 문서가 되어 버리기 쉽습니다.

긴 문서를 쓰다 보면 전하려 하는 내용이 너무 많이 포함되어 있는 경우가 있어 상대가 알기 쉽게 하기 위해서는 전하려는 메시지를 명확히 하고, 「표제」를 붙이는 것이 효과적입니다.

그것을 간단하게 할 수 있는 것이 워드의 「개요」라는 기능입니다.

「개요」 화면은 Alt + W → U 를 누르면 열립니다.

이 기능의 사용법은 다음 항에서부터 자세히 설명하겠습니다. 「개요」 모드로 장·항목·본문 단락의 수준(표제)을 지정하여 쓰는 사람도, 읽는 사람도 알기 쉬운 문서를 만들 수 있습니다.

제가 책 원고 등을 쓸 때는 대체로 수준 1을 장(Chapter), 수준 2를 항목, 최하층을 본문으로 하는 3계층으로 구분합니다.

덧붙여서, Alt + W → P 를 누르면 「개요」 모드로부터 통상의 「인쇄 레이아웃」 모드로 되돌릴 수 있습니다.

또한, 목차 기능도 「개요」와 같이 긴 문서를 작성할 경우에 도움이 됩니다.

목차 기능을 사용하면 기존의 문서로부터 단숨에 목차를 작성할 수 있습니다. 다음처럼 한 번 목차를 만들면 본문 내용을 변경했다고 해도 「갱신」 버튼을 누르기만 하면 목차에도 반영되므로 매우 편리합니다.

개요의 설정 Alt + W ▶ U

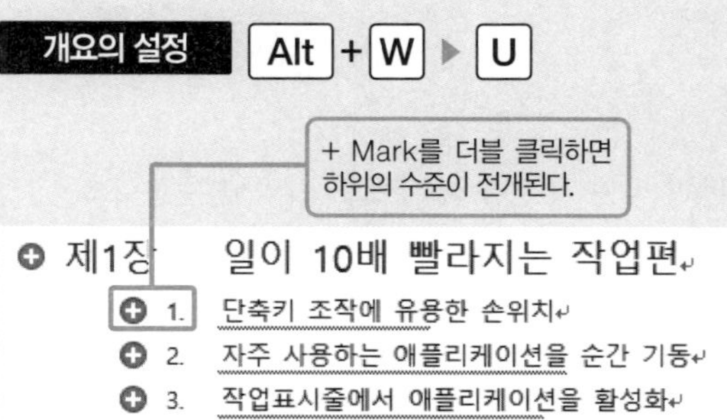
+ Mark를 더블 클릭하면
하위의 수준이 전개된다.

제1장   일이 10배 빨라지는 작업편
1. 단축키 조작에 유용한 손위치
2. 자주 사용하는 애플리케이션을 순간 기동
3. 작업표시줄에서 애플리케이션을 활성화

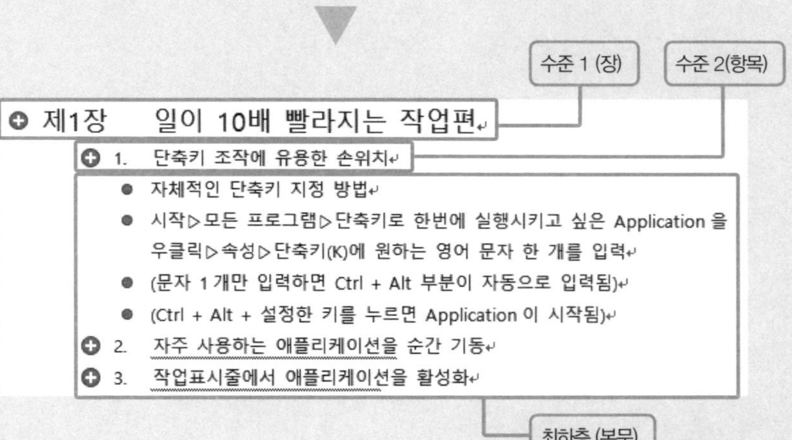
수준 1 (장)   수준 2(항목)

제1장   일이 10배 빨라지는 작업편
1. 단축키 조작에 유용한 손위치
● 자체적인 단축키 지정 방법
● 시작▷모든 프로그램▷단축키로 한번에 실행시키고 싶은 Application을
  우클릭▷속성▷단축키(K)에 원하는 영어 문자 한 개를 입력
● (문자 1개만 입력하면 Ctrl + Alt 부분이 자동으로 입력됨)
● (Ctrl + Alt + 설정한 키를 누르면 Application이 시작됨)
2. 자주 사용하는 애플리케이션을 순간 기동
3. 작업표시줄에서 애플리케이션을 활성화

최하층 (본문)

목차를 작성하기 위해서는 먼저 목차를 삽입하고 싶은 장소에 커서를 이동시킵니다. 거기서 Ctrl + Enter로 페이지를 열고, 목차를 삽입하기 위한 공간을 만듭니다. 그리고 Alt + S → T로 목차 메뉴를 열어「목차 삽입」을 선택합니다. 목차 대화상자가 열리면 그대로「확인」버튼을 누릅니다.

단지 이렇게 하는 것만으로 단숨에 목차가 완성됩니다.

「개요」와「목차」는 문서 작성의 기본이 되는 것이니 꼭 세트로 기억해 두십시오.

개요의 목차 기능을 활용하는 방법

목차의 삽입 목차를 삽입하고 싶은 위치에  ▶  ▶ 

목차 삽입을 선택하면 목차 메뉴가 열림

본문이나 개요의 수준을 판단하여 목차가 작성됨

개요 기능으로 단락 수준의 상하 조절

「개요」에서는 단락 수준을 1에서 2로 하거나 반대로 2에서 1로 하는 문서 작성 중 수준을 변경할 수 있는 기능이 있습니다.

일반적으로 홈 메뉴 속에 있는 「개요」의 「수준 올리기」나 「수준 내리기」를 클릭해 조정합니다.

그러나 이 방법으로 위치를 잡으려면 클릭을 여러 번 할 필요가 있어서 시간이 걸립니다. 그에 반해 단축키를 사용하면 아주 간단하게 단락 수준을 조정할 수 있으므로 몸에 익혀 두는 것이 좋습니다.

방법은 매우 간단하여 목표 단락에 커서를 둔 상태로 Shift + Tab 을 누르면 수준이 1단 오르고 Tab 을 누르면 수준이 1단 내려갑니다.

단락 수준의 조정법은 이 밖에도 있지만, Tab 으로 조작하는 것이 실수도 덜하게 되어 효율적이라고 생각합니다.

「개요」를 사용한 단락 수준 조정은 문서 작성에서 기본 중의 기본이지만 단축키를 모르는 사람도 꽤 많습니다. 하지만 알아두면 작업 효율이 크게 좋아지므로 자주 활용하고 싶어질 것입니다.

방대한 양의 문서에서 테마나 타이틀을 쉽게 보기 위해서는 이러한 조정을 잘 하는 것이 중요합니다.

「개요」에서 단락 수준을 상하로 옮기는 방법

단락 수준의 설정 「개요」 모드에서 실시

Tab 으로 수준을 낮춤

수준 1   수준 2

➕ 제1장　일이 10배 빨라지는 작업편

　➕ 단축키 조작에 유용한 손위치

- 자체적인 단축키 지정 방법
- 시작▷모든 프로그램▷단축키로 한번에 실행시키고 싶은 Application 을 우클릭▷속성▷단축키(K)에 원하는 영어 문자 한 개를 입력
- (문자 1 개만 입력하면 Ctrl + Alt 부분이 자동으로 입력됨)
- (Ctrl + Alt + 설정한 키를 누르면 Application 이 시작됨)

본문 (최하위 수준)

Shift + **Tab** 으로 수준을 높임

개요 기능으로 단락 수준을 「본문」으로 변경한다

워드의 「개요」 기능을 사용해 문서를 작성하는 경우 최하층 문장은 단락 수준으로 말하면 「본문」입니다. 이것이 문서의 대부분을 차지하는데, 매번 마우스를 조작하여 메뉴에서 선택하거나 Tab 을 연달아 치며 본문 수준으로 지정하는 것은 효율이 나쁩니다. 이럴 때 편리한 단축키를 소개합니다.

「개요 보기」 모드에서 해당 행에 커서를 맞추고, Ctrl + Shift + N 를 누르면 순간적으로 단계 수준이 「본문」으로 지정됩니다.

이것을 전항에서 소개한 Tab 으로 단락 수준을 상하로 조정하는 것과 함께 장 · 항목 · 본문에서 각각 수준 지정을 하면 「수준 표시(S)」 기능을 사용하여 수준별로 내용을 표시할 수 있습니다.

예를 들어, 수준 1을 장, 수준 2를 항목, 최하층을 본문으로 하고 있는 경우, 장 수준만을 확인하고 싶으면 「수준 1」만 표시하고, 항목 수준에 중복 여부를 확인하고 싶으면 「수준 2」만 표시할 수 있습니다. 물론, 최하층의 「본문」으로 표시하는 경우에는 수준 1도 수준 2도 보이는 상태가 됩니다.

여기까지 설명한 「수준 지정」에 관한 기술은 이 「수준 표시」 기능을 사용하기 위해서였습니다. 문서 작성의 근간이 되는 기능이므로 꼭 잘 다룰 수 있도록 익혀 둡시다.

개요에서 단락 수준을 본문으로 변경하는 방법

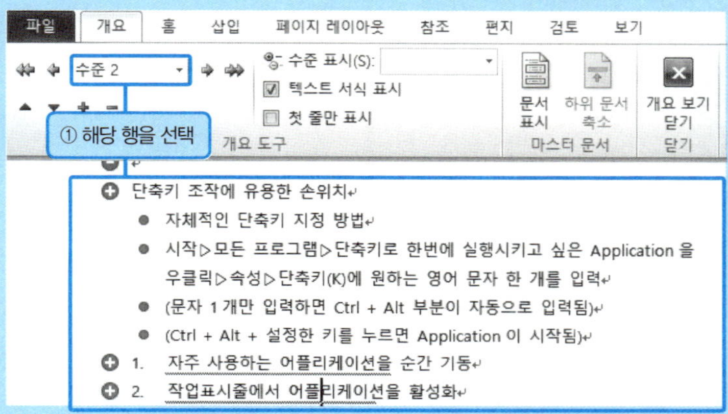

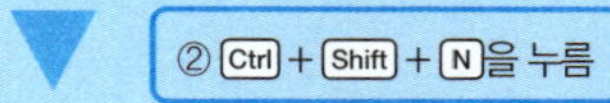

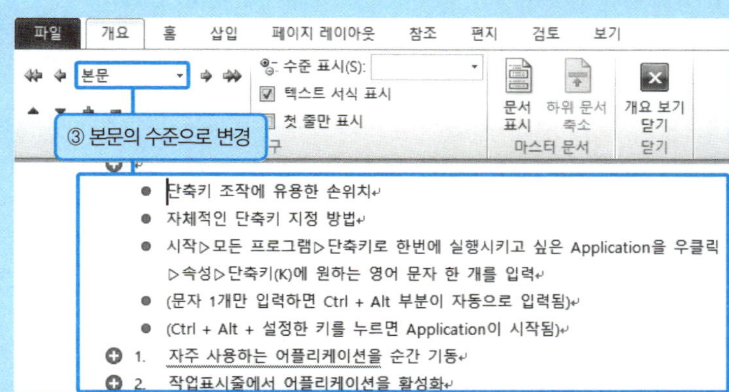

개요 기능으로
단락의 수준에 따라
텍스트를 표시한다

긴 문서를 쓰는 도중에는 전체를 생각하면서 내용의 균형과 중복 여부를 확인하고 싶을 때가 있습니다.

이럴 때 쓰는 기능이「개요」메뉴에 있는「수준 표시」입니다. 이것은 수준별로 문장을 표시해 주는 매우 편리한 기능입니다.

마우스를 사용할 수도 있지만, 클릭을 반복할 필요 없이 단축키를 사용해 빨리 수준 표시를 할 수 있습니다.

「개요」모드에서 특정 수준을 표시하려면 `Alt` + `◆Shift` +「수준 숫자」를 누릅니다.

예를 들어, 문서 구성을 장·항목·본문의 3단계로 설정했다고 하면 장만을 표시하려면 `Alt` + `◆Shift` + `1`, 항목까지를 표시하려면 `Alt` + `◆Shift` + `2`라고 하면 됩니다.

덧붙여서,「개요」의 최하층,「본문」까지 모든 것을 전개 표시하려면 `Alt` + `◆Shift` + `A`를 누릅니다.

한 번 더 누르면 원래대로 돌아갑니다.

저도 이 단축키를 알기 전에는 마우스를 사용해 이러한 조작을 했는데, 많이 번거로웠습니다. 이 키를 알고 나서는 전체와 부분을 쉽게 볼 수 있게 되어서 항상 전체와 부분이라는 두 가지 관점을 바꾸면서 균형 있게 문서를 작성할 수 있게 되었습니다.

수준에 따라서 문장을 표시하는 방법

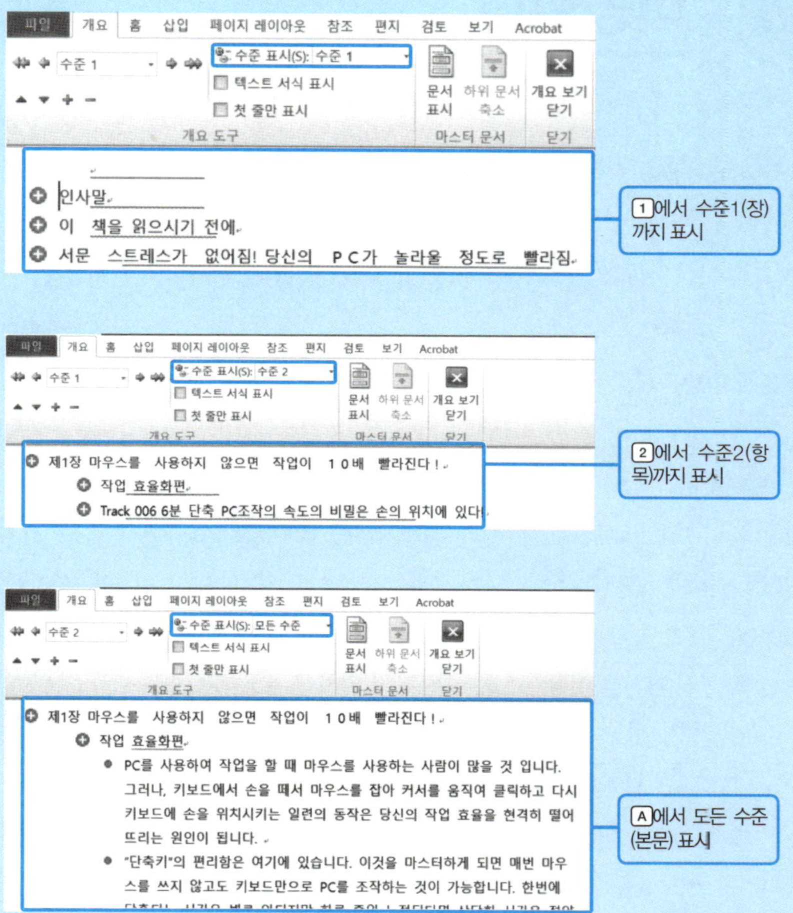

개요 기능에서 장이나 항목을 이동한다

「개요」 기능을 사용하여 문서를 작성하다 보면 항목의 순서를 바꾸고 싶을 때가 있을 것입니다.

그럴 때 하나 하나 Ctrl + X 와 Ctrl + V 로 잘라 붙이기를 한다면 시간이 걸릴 뿐만 아니라 실수도 하기 쉽습니다.

이러한 문제도 단축키로 해결할 수 있습니다. 이 기술을 사용하면 항목을 일순간에 바꿀 수 있습니다.

방식은 간단합니다. 먼저, 「개요」 메뉴의 「수준 표시」를 이동시키고 싶은 항목이 포함된 수준을 선택합니다. 그리고 바꾸고 싶은 항목 행에 커서를 놓아두고, Alt + ↑Shift + ↑↓ 방향키로 목적하는 위치에 항목을 이동시키면 됩니다.

또한, 항목이 아닌 그 상위인 「장」을 이동시키고 싶다면 같은 「개요」 메뉴의 「수준 표시」로 장 수준을 선택한 뒤 커서를 이동시키고 싶은 장의 위치에 두고, Alt + ↑Shift + ↑↓ 방향키로 목적하는 위치에 「장」을 이동시킵니다. 다만, 「장」 속에는 몇 개의 「항목」이 포함되어 있으므로 Alt + ↑Shift + ↑↓ 방향키를 반복해서 눌러야 합니다.

그러므로 「장」을 이동시켜야 하는 경우에는 일반적인 Ctrl + X 와 Ctrl + V 로 잘라 붙이기로 이동시키는 편이 빠를 것입니다.

어쨌든 집중력을 흩트리지 않고 긴 문서를 편집하는 데 매우 편리한 기술이므로 꼭 사용하시길 바랍니다.

장이나 항목을 이동시키는 방법

  수준의 표시 ▶ 수준 2

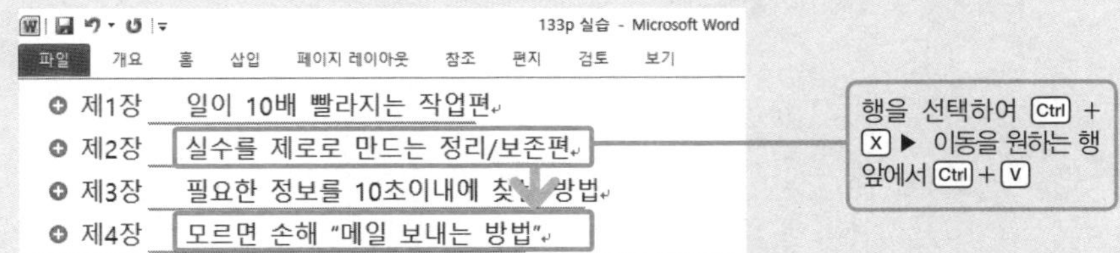

  수준의 표시 ▶ 수준 1

제5장

의외로 잘 모르는, PDF를 편리하게 쓰는 기술

작업 효율화 편

예를 들어. 제안서를 파워포인트로 만든 뒤 손님에게 제출하기 위해서 PDF 형식으로 변환하는 등 비즈니스 현장에서는 PDF 파일을 써야 할 때도 많습니다.

공적인 문서 교환 등에 사용되는 경우가 많아서인지 PDF 파일은 「편집할 수 없다」라고 생각할 수도 있지만. PDF의 공식 애플리케이션인 Adobe사의 「Acrobat」은 작성뿐 아니라 편집·가공·관리 등 문서 관리에 도움이 되는 기능이 많이 있습니다.

이번 장에서는 업무 시간을 줄일 수 있는 편리한 Acrobat 사용법을 소개합니다.

PDF 파일에
「주석」 삽입하기

Acrobat에 관한 기술 중에서 제가 자주 사용하는 것은 「주석」입니다. 이것은 PDF 문서상에 메모를 삽입할 수 있는 기능으로 사용법은 다음과 같이 매우 간단합니다.

단축키인 Ctrl + 6 을 눌러 「주석」 윈도우를 열어 여기에 메모를 입력하면 됩니다.

이때 글꼴을 초기 설정 이외의 종류나 크기로 하고 싶으면, Ctrl + K 로 환경 설정을 열고, 왼쪽 메뉴에서 「주석 달기」를 선택, 오른쪽 「주석 보기」란에 있는 「글꼴」과 「글꼴 크기」를 조정합니다. 이렇게 한번 해두면 다음 번 주석을 이용할 경우에 원하는 글꼴이 반영됩니다.

그때마다 글꼴 크기를 조절하고 싶으면 텍스트를 선택한 상태로 Ctrl + E 를 눌러, 팝업 텍스트의 프로퍼티 바(Property bar, 문서 속성)에서 「텍스트 크기 확대/축소」 버튼으로 조절하는 방법도 있습니다.

「주석」은 문서의 기록 · 비망록으로서 가치를 높이는 중요한 기능이므로 꼭 활용해 보시기 바랍니다.

Tip

Acrobat Pro DC의 주석 도구

❶ 스피드 노트 추가
❷ 텍스트 강조
❸ 텍스트에 밑줄 긋기
❹ 텍스트에 취소선 적용
❺ 교체 텍스트에 노트 추가
❻ 커서 위치에 텍스트 삽입
❼ 텍스트 주석 추가
❽ 텍스트 상자 추가
❾ 자유 형태 그리기
❿ 그림 지우기
⓫ 스탬프 추가
⓬ 새 첨부 파일 추가
⓭ 그리기 도구
⓮ 도구를 선택된 상태로 유지
⓯ 색상 피커
⓰ 선 두께
⓱ 텍스트 속성

「주석 달기」의 설정과 이용법

글꼴의 종류와 글꼴 크기 설정 ▶ Ctrl + K ※초기 설정

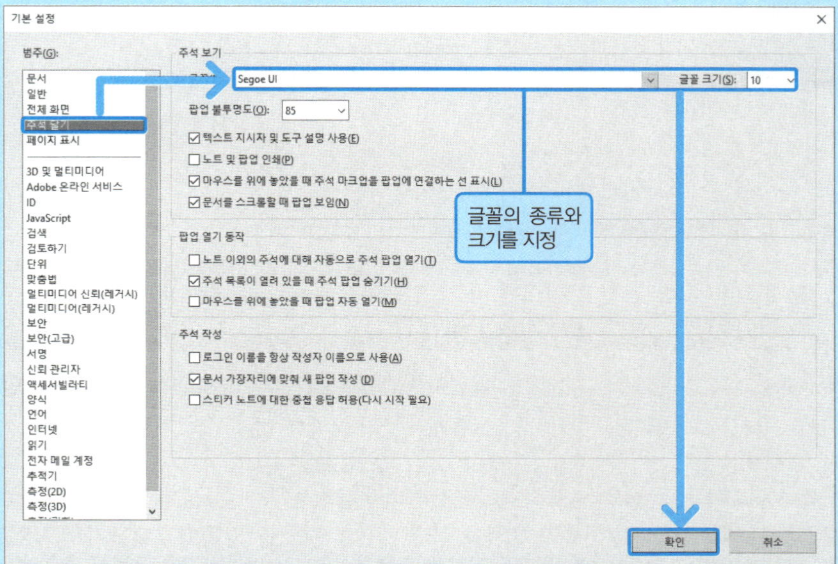

글꼴의 종류와 크기를 지정

주석의 이용 ▶ Ctrl + 6

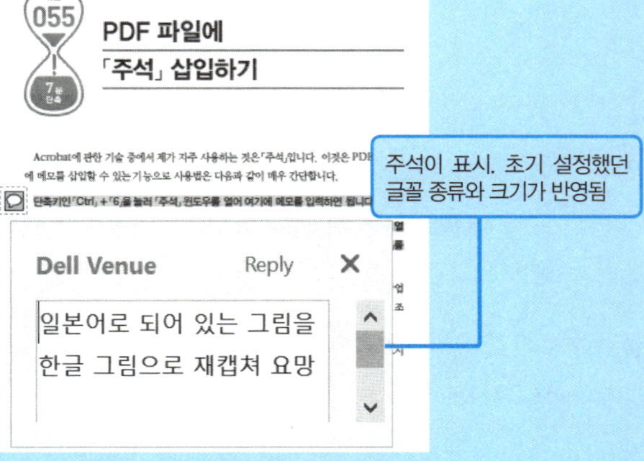

주석이 표시. 초기 설정했던 글꼴 종류와 크기가 반영됨

PDF 화면 배율을 자유자재로 변경

PDF 문서는 다른 사람과 주고받기 위해 사용하는 경우가 많습니다. 자신만 사용하는 문서는 작성할 때 사용한 애플리케이션 형식으로 보관하면 됩니다.

PDF로 만드는 이유는 자신 이외에 다른 사람도 본다는 것을 전제로 원본의 형식이나 내용의 변경을 막거나 내용 복제를 방지하기 위한 경우가 많습니다. 그러나 이러한 이유로 글자 크기가 작아서 안 보이거나 반대로 화면이 너무 확대되어서 전체를 볼 수 없는 등 만든 사람과 보는 사람의 환경 차이에 의한 디스플레이상의 문제가 발생하는 경우가 있습니다. 이러한 이유들로 가독성이 나쁜 상태로 파일을 보는 것은 비효율적입니다.

그런 문제를 해결하기 위해 스마트하게 화면 배율을 바꾸는 단축키 5개를 소개합니다.

① **화면 배율 확대 축소:** Ctrl + + 로 확대, Ctrl + − 로 축소합니다. 실제 화면을 보면서 세세하게 조정할 수 있어 매우 편리합니다.

② **화면 배율 지정:** Ctrl + Y 후 수치를 입력하거나 선택하여 표시 배율을 직접 지정할 수 있습니다.

③ **전체 화면 표시:** Ctrl + 0 으로 화면에 한 페이지가 전부 표시됩니다. 전체 모습을 확인하고 싶은 경우에 편리합니다.

④ **100% 화면 표시:** Ctrl + 1 은 표준 배율로 표시해 줍니다. 전체 화면 표시보다 크게 표시되어 주석 등, 문자 입력할 때 등에 추천합니다.

⑤ **가로 폭 맞춤:** Ctrl + 2 는 화면 가로 폭에 맞추어 표시됩니다. 100% 화면 표시보다 한층 더 크게 표시되어 문서의 세부를 확인하는 경우에 좋습니다.

PDF의 화면 배율을 변경하는 단축키

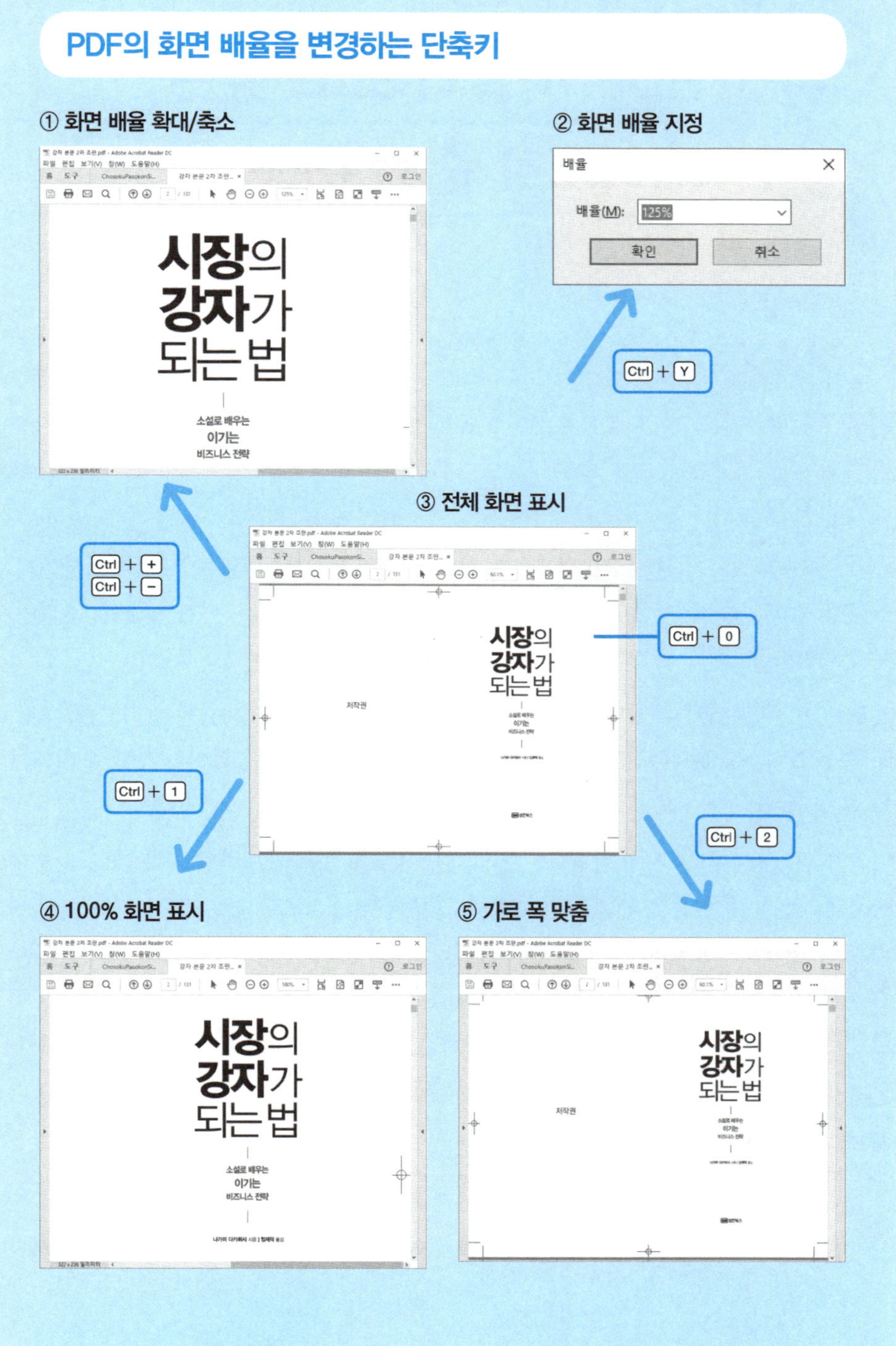

PDF 파일의 보고 싶은 페이지로 순간 이동

여러 페이지로 구성된 PDF 문서의 특정 페이지를 확인하고 싶은 경우, 몇 페이지 정도라면 「좌우」 방향키를 몇 번 정도 누르면 이동하게 되겠지만, 몇 십 페이지 정도 되면 페이지를 찾는 데만 상당한 시간이 걸립니다. 이럴 때 쓸 수 있는, 페이지를 지정하는 단축키를 소개합니다.

Ctrl + Shift + N 를 누르면 「페이지 찾아가기」 대화상자가 열리므로 거기에 페이지 번호를 입력하고 확인을 누르면 됩니다. 어디에서도 지정한 페이지로 순간 이동할 수 있어 매우 편리합니다.

또한, PDF 문서에서 「페이지 찾아가기」처럼 빈번히 사용하는 것이 「문서 속성」입니다. 문서 속성에는 해당 문서나 파일에 관련된 정보를 보여 줍니다. 저는 파일의 저장 「위치」와 「파일 크기」를 확인하는 데 자주 사용합니다. 덧붙여서, **단축키는 Ctrl + D 입니다.**

저장 위치는 문서 속성에 기재되어 있는 파일 경로를 클릭하면 파일 저장 폴더가 열려 간단하게 확인할 수 있습니다. 저장 폴더 안에 그 밖에 어떤 파일이 있는지를 보거나 저장 위치의 파일 경로를 복사해 다른 사람에게 전달하고 싶을 때 매우 편리합니다. 「파일 크기」는 파일을 메일로 보낼 때 용량이 너무 커서 가지 못하지 않는지를 체크하기 위해서 확인합니다. 만약 용량이 너무 큰 경우는 페이지 수를 줄이거나 화면을 압축해 재차 PDF화하면 됩니다.

이러한 간단한 기술을 자연스럽게 잘 활용하는 것으로 문서 관리나 편집 효율이 크게 바뀌게 되니 꼭 기억하시기 바랍니다.

지정하는 페이지로 이동하는 방법

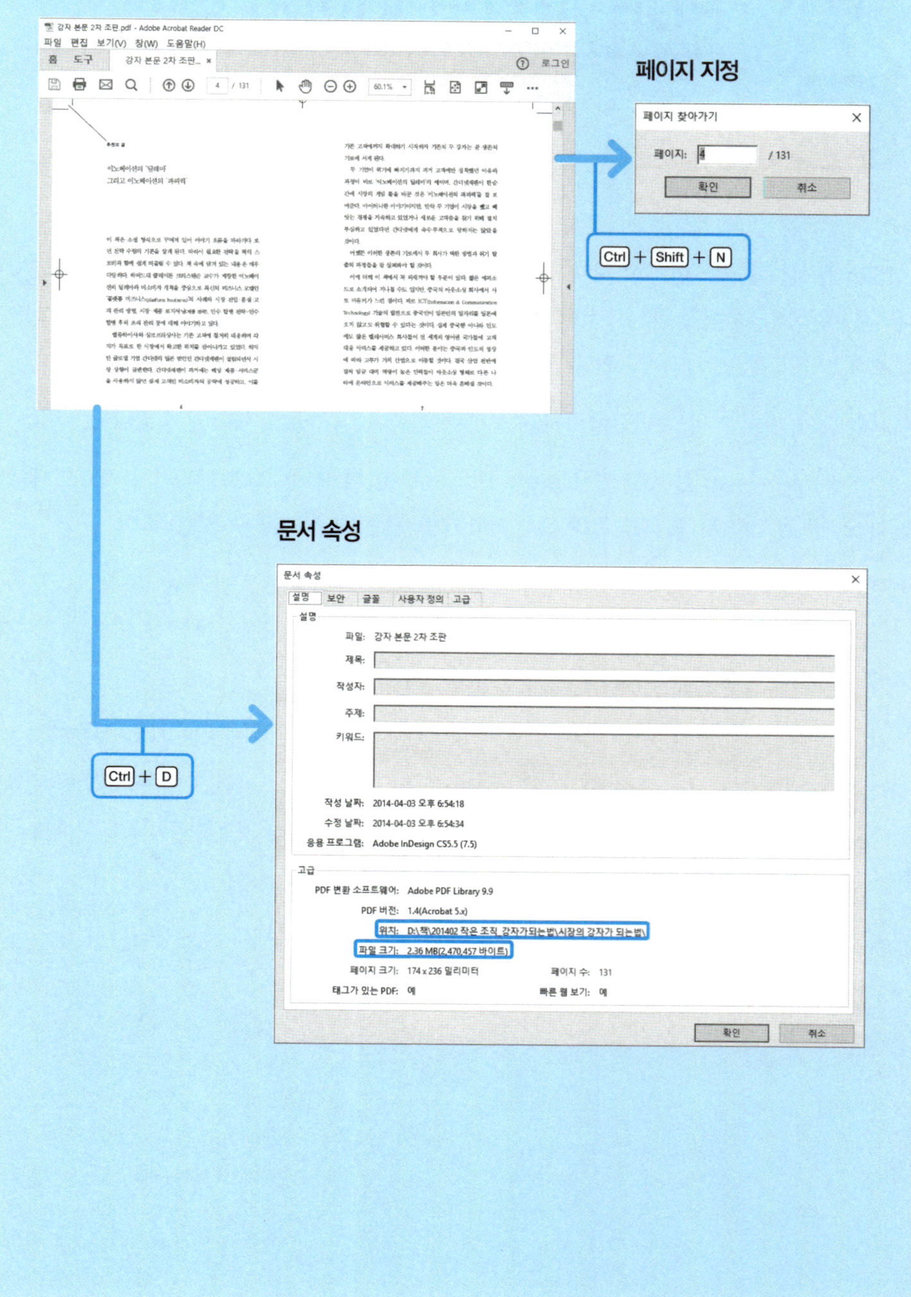

PDF 파일의 페이지 삭제

PDF 문서의 불필요한 페이지나 스캔 시에 섞여 버린 백지 페이지 등을 삭제할 때 하나 하나 화면 왼쪽의 「탐색창 패널(Page Thumbnails)」에서 페이지를 선택해 삭제하는 것은 비효율적입니다. 한두 페이지라면 괜찮겠지만, 여러 페이지라면 시간이 오래 걸립니다.

그럴 때에 편리한 방법이 단축키를 사용해 지정한 페이지를 삭제하는 것입니다.

Ctrl + ◆Shift + D 를 누르면 「Delete Pages(페이지 삭제)」 대화상자가 열리고, 「개시 페이지」와 「종료 페이지」를 지정하여 복수 페이지를 한 번에 삭제할 수 있습니다.

덧붙여서, 탐색창 패널에서 페이지가 지정되어 있는 경우는 조금 달라서, 「Selected」가 선택되어 있는 상태로 대화상자가 열립니다. 「개시 · 종료 페이지」도 선택할 수 있습니다. 어느쪽이든 선택해 「OK」를 누르면 페이지가 삭제됩니다.

PDF 파일은 공적인 문서나 종이 자료를 디지털화할 때에 보편적으로 사용되므로 자신에게는 필요 없는 불필요한 페이지가 섞여 있는 경우도 많습니다. 이러한 이유로 PDF의 페이지 삭제 기능은 생각 외로 많이 쓰입니다. 그러므로 이 기술을 몸에 익히면 자료 작성에 걸리는 시간을 꽤 절약할 수 있습니다.

또한, 문서 편집의 템포도 좋아져 속도가 빨라져 스트레스로부터도 해방됩니다.

지정한 페이지를 삭제하는 방법

탐색창(Page Thumbnails) 패널이 활성화되지 않은 상태

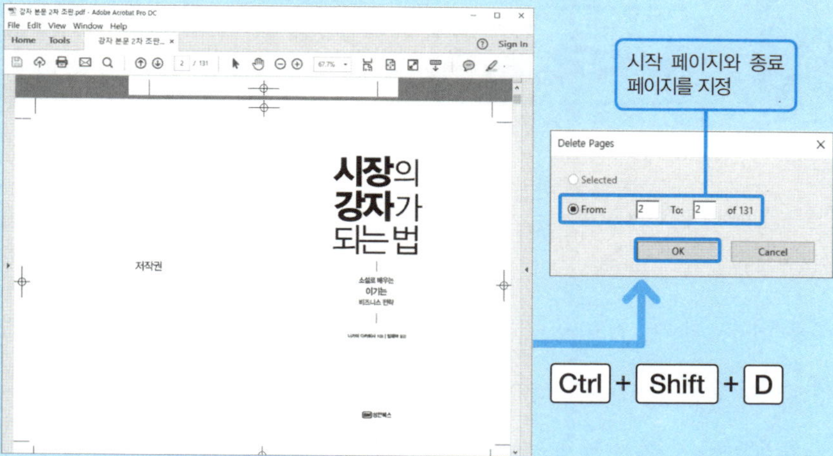

(※역자주: Acrobat Reader는 아니고 Acrobat 에서 실행 가능한 기능임)

탐색창(Page Thumbnails) 패널이 활성화된 상태

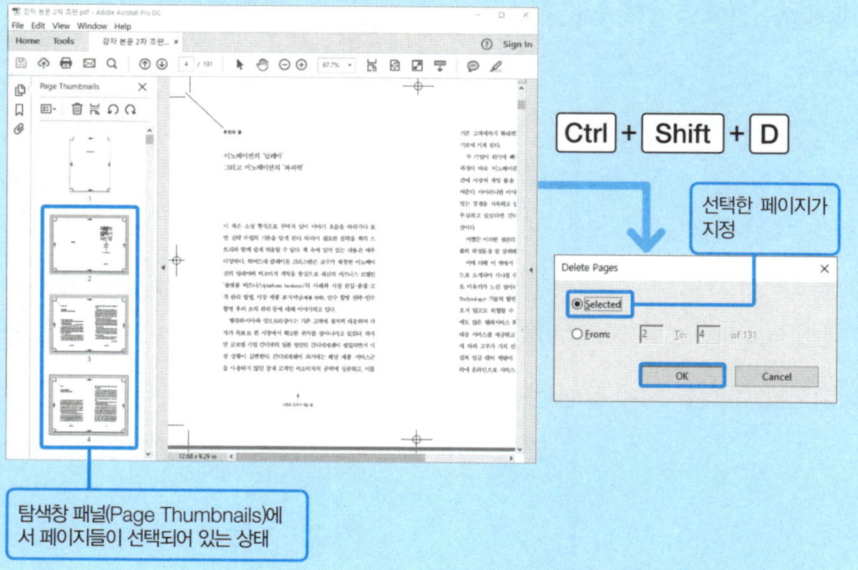

페이지 삽입 기능으로 여러 개의 PDF 파일을 1개로 정리

「프로젝트에 관련된 자료나, 참고 문헌 등의 PDF 파일에서 일부를 뽑아내고, 이력서 하나에 정리하고 싶다.」

업무를 하다 보면 복수의 PDF 파일을 통합해 관리하거나 열람하고 싶은 경우가 있습니다.

우선 종이로 출력한 후 다시 스캔하여 1개로 정리하는 사람도 있지 않을까요?

제가 운영하는 회사에서도 사내 정보를 알기 쉽게 정리 · 보존하기 위해서 관련 문서를 가능한 한 1개로 정리하고 있습니다. 그럴 때 편리한 단축키가 페이지를 삽입하는 단축키입니다.

단축키로 페이지를 삽입하려면 먼저, Ctrl + Shift + I 를 누릅니다. 그러면 「Select File To Insert(삽입 파일 선택)」라는 대화상자가 열립니다.

삽입하고 싶은 파일을 선택하고, 「열기」 버튼을 누르면, 「Insert Pages(페이지 삽입)」라는 대화상자가 표시되어 위치 지정 후 삽입할 수 있습니다.

또한, 이 작업은 마우스를 사용하여 직감적으로 실시할 수도 있습니다. 저 자신도 이 작업은 마우스를 사용합니다.

먼저, 삽입을 할 PDF 파일들을 열어 화면 좌우에 늘어놓습니다. 다음, 탐색창 패널에서 삽입하고 싶은 페이지를 선택하여 삽입할 PDF 파일까지 드래그 앤드 드롭으로 이동시키면 됩니다.

정말 간단하고 편리하니 꼭 한번 해보십시오.

페이지를 삽입하는 방법

페이지의 삽입(키)

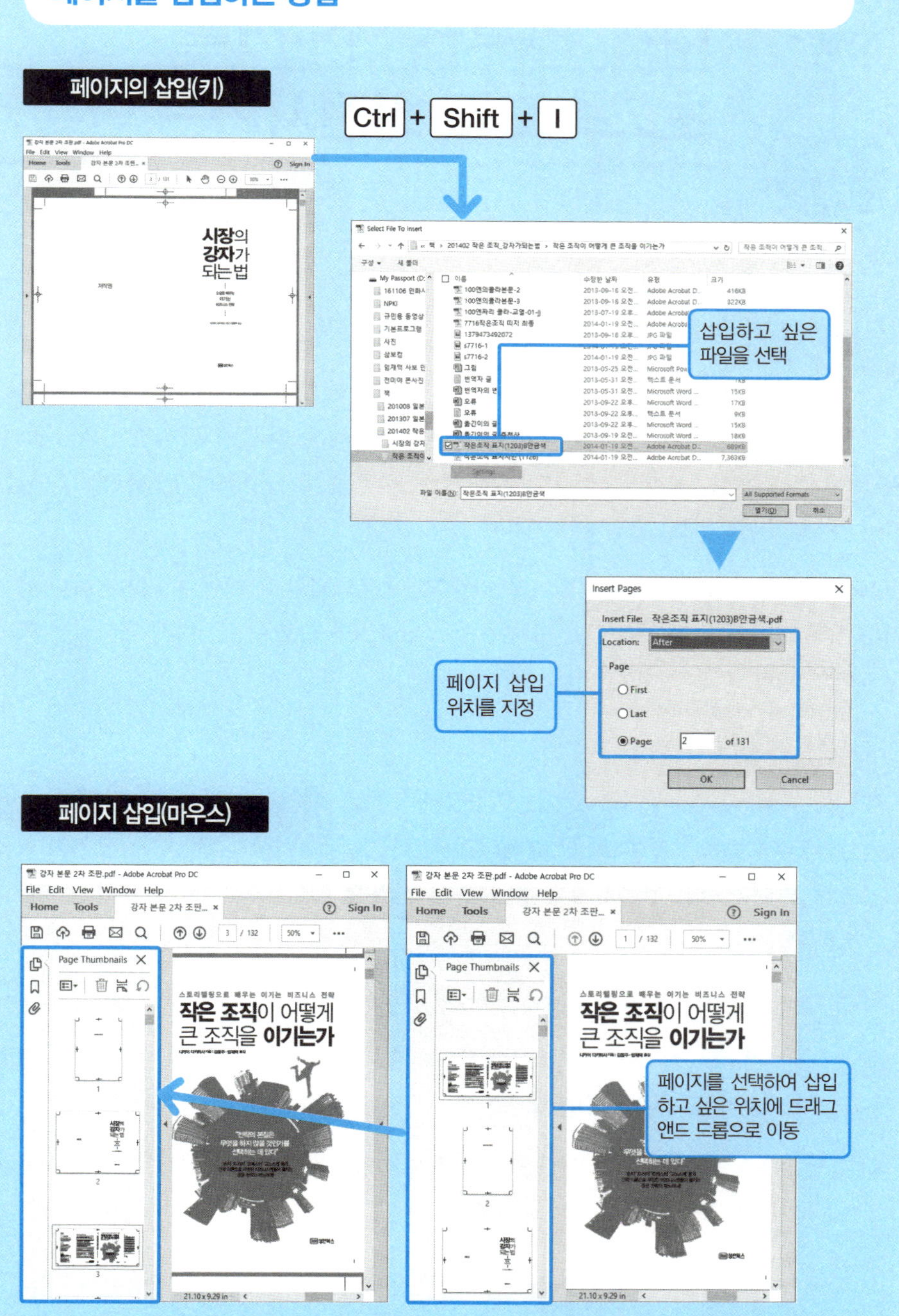

페이지 삽입(마우스)

PDF 파일의 페이지를
초고속도로 회전시키는 단축키

「서류의 가로·세로 방향을 바꾸어 스캔을 해버렸다」「받은 PDF 자료의 일부 페이지의 방향이 달랐다」…… 이러한 경험이 있을 것입니다.

사소한 일이지만 그대로 읽기는 어려우며, 다른 사람에게 보내는 자료라면 성의가 없어 보일 것입니다. 스캔 문서를 받게 되면 가볍게 한번 쭉 확인해서 방향이 다르면 바로 수정합시다. 나중에 하려고 하면 결국 잊어버립니다.

그러나 매번 탐색창 패널에서 페이지를 선택하여 우클릭한 후 메뉴에서 하나 하나 회전시키는 것은 시간이 오래 걸립니다. 이 경우에도 단축키를 사용해 편리하게 페이지를 회전시킬 수 있습니다.

두 가지 방식이 있습니다.

하나는, 페이지 자체를 회전시키는 방법입니다. 해당 페이지가 표시된 상태에서 Ctrl + Shift + R 를 누르면 「Rotate Pages(페이지 회전)」 대화상자가 열립니다. 거기에 회전시키고 싶은 방향과 각도, 회전시키고 싶은 페이지 범위를 지정하고, 「OK」를 누르면 회전시킬 수 있습니다.

다른 하나는, 페이지가 아니라 화면 표시만을 회전시키는 방법입니다.

Ctrl + Shift + + 를 누르면, 「Rotate Pages(페이지 회전)」 대화상자 입력 과정 없이 그대로 오른쪽으로 90도 단위로 회전됩니다.

이 방법은 공유 파일 등 원본을 바꾸면 안 되는 파일의 내용을 확인하는 데 편리합니다.

PDF의 페이지를 회전시키는 방법

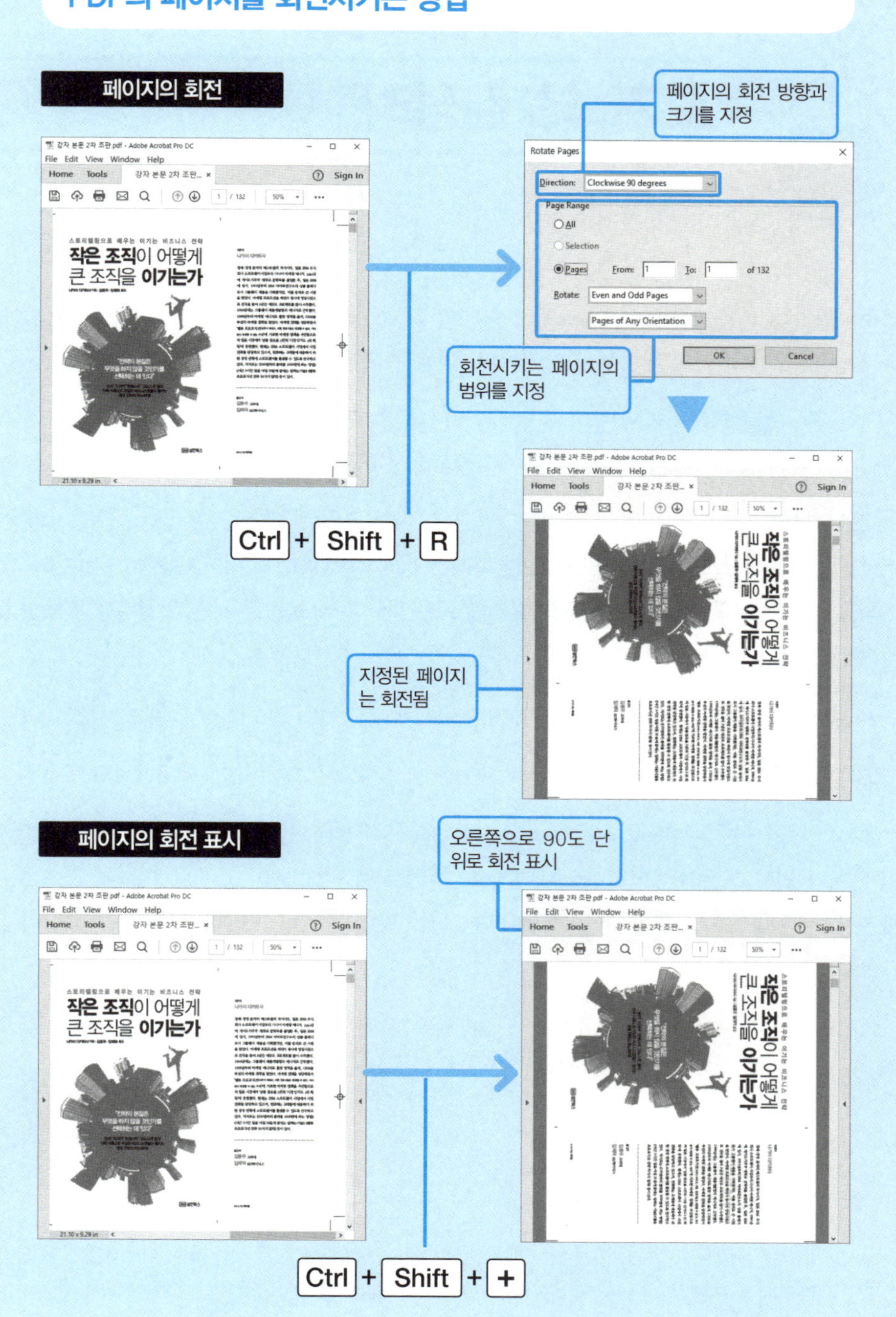

PDF의 불필요한 여백을
보기 쉽게 정리

서적이나 문헌을 스캔했을 때 페이지 여백이 크고, 중요한 부분이 작아서 보기 힘든 경우가 있습니다. 그럴 때에 편리한 것이 페이지 여백을 제거하는 기술입니다.

단축키는 해당 페이지에서 Ctrl + Shift + T를 누르면 「Set Page Boxes(페이지 여백 정리)」가 열리므로 「Margin Controls(여백 제어)」란에서 트리밍 폭을 지정합니다.

대화상자의 Alt + O(위), B(아래), L(왼쪽), R(오른쪽) 박스 옆에 있는 「상하」 버튼은 누르거나 숫자를 입력해서 변경하면, 오른쪽에 트리밍 후의 페이지 이미지를 보아가며 여백을 조정할 수 있습니다. 그 후 여백 조정 범위를 모든 페이지에 적용할 것인지 일부에 적용할 것인지를 선택하고, 「OK」를 누르면 됩니다.

이 방법을 잘 사용하면 잡지 샘플과 같이 PDF 페이지 내의 일부를 추출할 수도 있습니다.

또한, Acrobat의 「snapshot」이라는 기능을 사용해도 같기 때문에 소개합니다.

메뉴의 「툴」 → 「선택과 줌」 → 「snapshot 툴」 → PDF 화면상에서 범위를 선택 → 복사된 상태가 되기 때문에, 오피스 소프트웨어나 페인트 툴 등에 붙이고 나서, 이름을 붙여 보존하면, 다양한 용도에 사용할 수 있게 됩니다.* 샘플 양이 적으면 트리밍보다 이 방법이 더 간단합니다.

이러한 기술을 능숙하게 잘 다루면, PDF 활용 폭이 넓어져 작업을 보다 효율화할 수 있을 것입니다.

---

* 역자 주: Adobe Acrobat Pro DC에서는 Edit 메뉴 → Take a Snapshot를 선택 → PDF 화면에서 범위를 선택 → …입니다.

페이지의 여유 부분을 정리하는 방법

페이지의 트리밍 설정 ▶ **Ctrl** + **Shift** + **T**

(역자주: Acrobat Pro DC version에서는 Ctrl + Shift + P임)

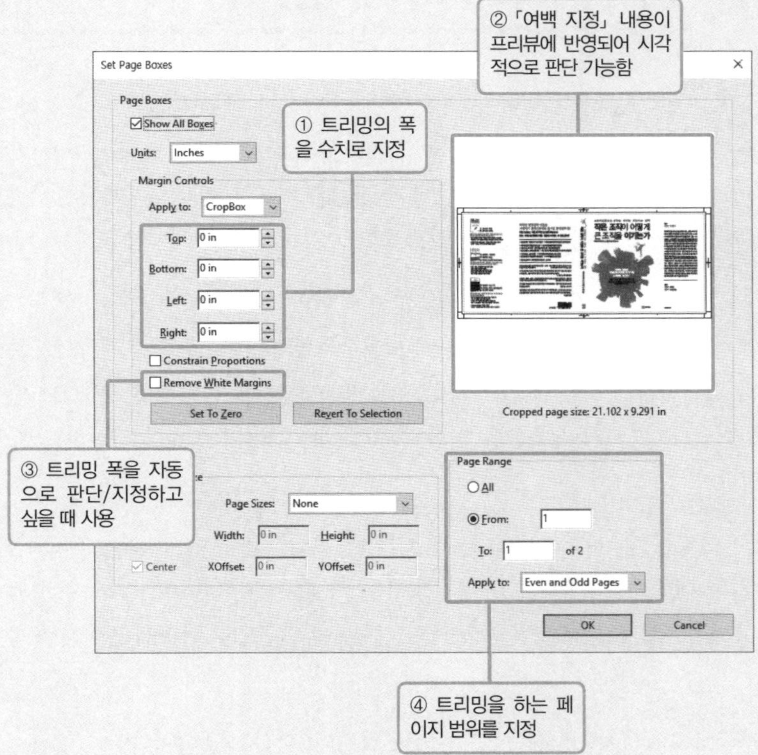

스캔해 만든 PDF 문서의 문자를 인식, 검색 가능하게 한다

종이 자료를 스캔해서 작성한 PDF 문서는 워드나 파워포인트 등의 오피스 소프트웨어로부터 변환된 것과 달리 일반적으로는 문서의 문자 정보를 읽어 검색하거나 복사할 수 없습니다. 그러나 그것을 가능하게 하는 방법이 있습니다.

Acrobat의「OCR 텍스트 인식」이라는 기능을 사용하면 스캔해서 작성한 PDF 문서의 문자를 읽어 낼 수 있습니다. 이 기능을 사용하려면 대상의 PDF 파일을 열고, 메뉴의「문서」로부터「OCR 텍스트 인식」→「OCR을 사용해 텍스트를 인식」을 선택하면,「텍스트 인식」의 대화상자가 열립니다. 거기서 텍스트를 인식시키고 싶은 페이지 범위를 지정하고「OK」를 누르면 완료입니다.

또한, 앞에서 설명한 순서에서「OCR을 사용해 텍스트를 인식」이 아니고,「OCR를 사용해 복수의 파일의 텍스트를 인식」을 선택하면, 복수의 파일을 정리하여 읽을 수 있는 파일로 변환할 수 있습니다. 자료를 스캔해서 만든 파일을 이 방법으로 단숨에 변환하면 좋을 것입니다.

Adobe Acrobat Pro DC를 사용하는 방법도 있는데, 다음과 같습니다.

변환할 파일을 열고,「File」→「Export To」→「Microsoft Word」를 선택합니다.「Save As DOCX Setting」에서「Language」(영어, 일본어, 한국어 등)를 선택하고「OK」를 누릅니다.

제가 운영하는 회사에서도 거래처 등에서 종이 자료를 받았을 때는 바로 스캔한 후 텍스트로 인식하여 보존하고 있습니다. 이것을 사내의 규칙으로 정하면 정보 공유나 정보 활용이 원활해지기 때문에 꼭 추천하고 싶습니다.

스캔된 PDF 문서를 검색 가능하게 하는 방법

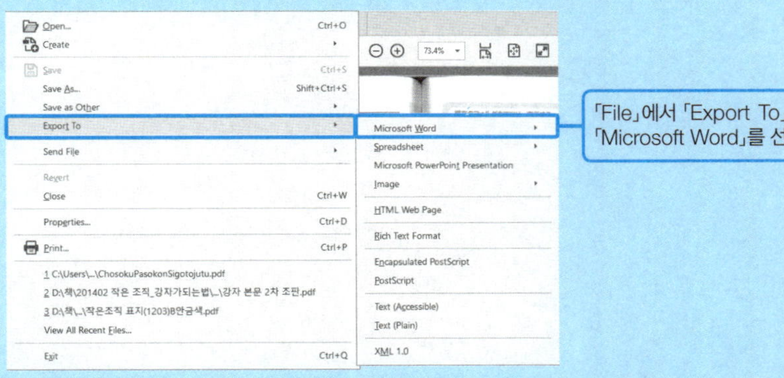

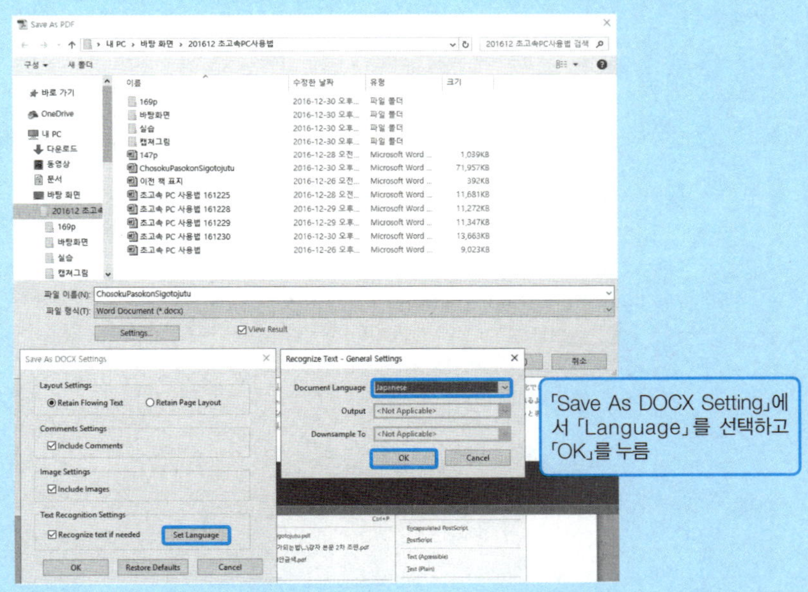

제**6**장

PC 안의 잃어버린 파일을 찾는다!

폴더/파일 정리 편

「만일 자료가 발견되지 않는다」「어디에 보존했는지 모르게 되었다」……
이러한 씁쓸한 경험이 여러분도 있을 것입니다. 그중에는 매일 이러한 문제가 생기는 사람도 있을지도 모르겠습니다.

인간은 일생 동안 150일 이상을 물건을 찾는 데 사용한다고 합니다. 할 수 있다면 물건 찾기에 낭비하는 시간이나 스트레스로부터 해방되어 일상을 쾌적하게 보내고 싶습니다.

따라서 이번 장에서는 PC 폴더나 파일을 헤매는 일 없이 최고 속도로 원하는 파일을 찾을 수 있는 다양한 정리 기술을 소개할 것입니다.

저장 장소를 쉽게 찾기 위해 폴더 「계층」을 트리 표시로 가시화

당연한 이야기지만, 원하는 파일을 바로 찾기 위해서는 해당 파일이 어디에 저장되어 있는지를 기억해 둬야 합니다.

그러나 업무에서 필요로 하는 파일의 양은 워낙 방대해서 대부분의 경우 폴더 안에 또 다른 폴더를 만드는 등 저장 장소가 복잡하게 되어 있습니다.

그러니까 PC 내에서 저장 경로를 잃어버린 파일이 생기지 않게 하려면 파일별로 폴더의 구조를 잘 파악해야 합니다. 그러나 몇 번이고 폴더를 열어서 하나 하나 위치를 확인하는 것은 시간이 걸립니다.

이럴 때는 현재 열려 있는 파일까지 모든 폴더의 계층을 탐색창 윈도우상에서 「트리 표시」를 해주는 설정을 하면 됩니다. 탐색창 윈도우란, 그림과 같이 파일의 왼쪽에 표시되는 윈도우입니다. 순서는 다음과 같습니다.

우선, 62페이지에서 설명한 「파일 탐색기」 혹은 문서의 위에서 「보기」 → 「옵션」 → 「폴더 및 검색 옵션 변경」을 선택, 「폴더 옵션」을 엽니다. 그리고 「보기」 탭에서 탐색창의 「확장하여 폴더 열기」에 체크하고, 「확인」을 누르면, 현재 열려 있는 폴더까지 트리 표시됩니다.

위의 방식이 적용되지 않는다면, 「보기」에서 탐색창과 「확장하여 폴더 열기」를 체크하여 탐색창을 열 수도 있습니다.

이 설정을 하면 해당 파일이 어느 계층의 폴더에 들어 있는지 눈으로 볼 수 있으므로 파일 저장 장소를 보다 잘 기억하는 데 도움이 됩니다. 한 번 설정하면 그 이후 계속 표시되므로 꼭 해보시기 바랍니다.

파일 탐색기 혹은 문서의 위에 「보기」 → 「옵션」 → 「폴더 및 검색 옵션」을 선택 → 「폴더 옵션」 → 「보기」 탭

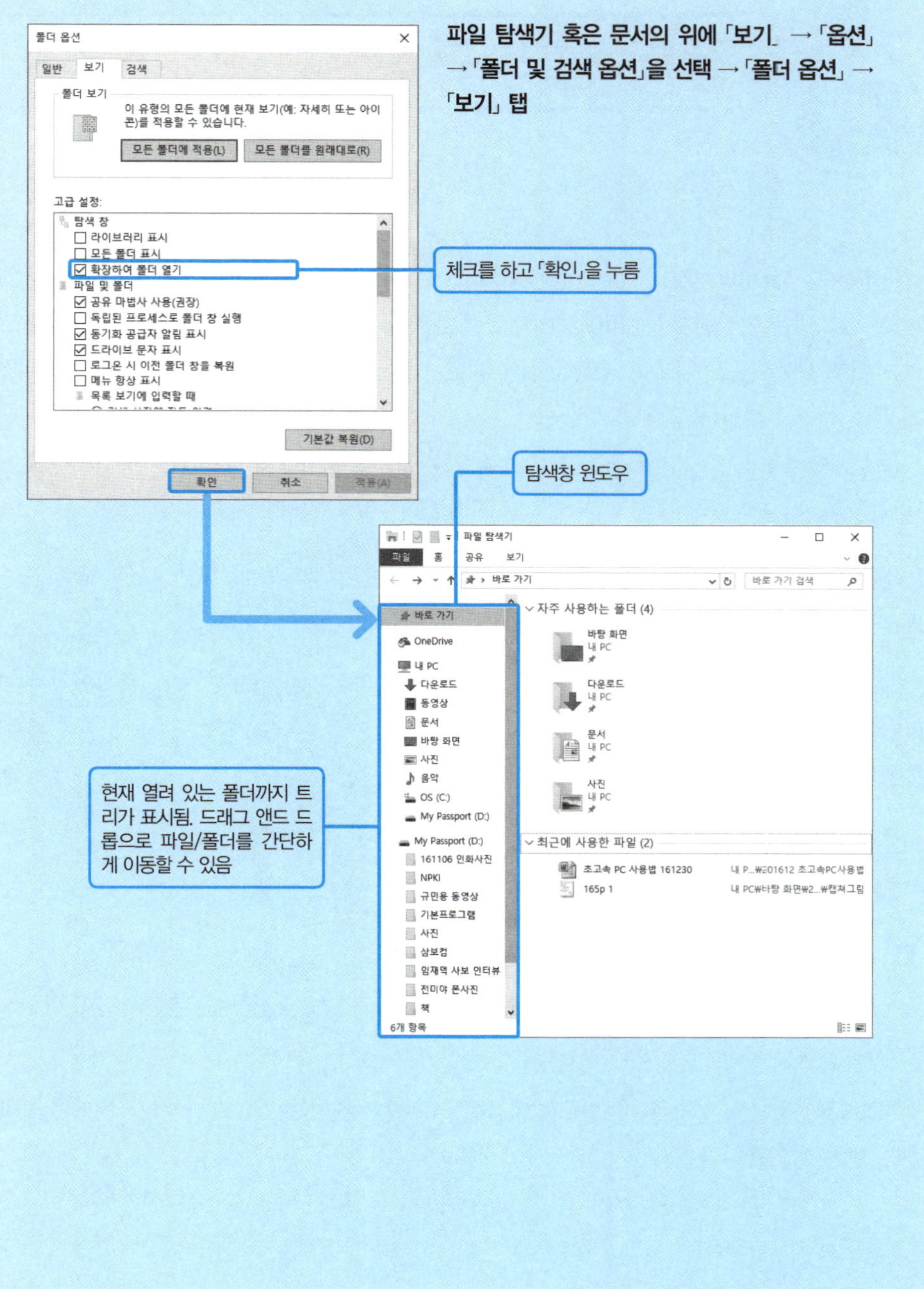

체크를 하고 「확인」을 누름

탐색창 윈도우

현재 열려 있는 폴더까지 트리가 표시됨. 드래그 앤드 드롭으로 파일/폴더를 간단하게 이동할 수 있음

필요한 파일을 바로 발견!
폴더 정리 규칙

　여러분은 「MECE(미시: Mutually Exclusive and Collectively Exhaustive의 약어)」라는 사고법을 아십니까? MECE란, 컨설팅 업계 등에서 논리 구조를 이해하거나 과제 발견을 위해 사용되는 누락이나 중복을 막기 위한 기술입니다. 이것이 PC에서 폴더를 정리하는 데도 도움이 됩니다.

　MECE를 생각하는 기본은 먼저 전체를 파악하고 그것을 어떻게 분류해 나갈 것인가를 생각하는 것입니다.

　예를 들어, 그림에서 두 번째 계층 폴더는 「부문」으로 분류되고, 「영업」, 「마케팅」, 「제조」라는 3개 부문의 폴더로 되어 있습니다.

　만약, 이 계층에 「전표」라는 폴더를 넣으면 어느 부문에 관한 전표를 넣은 폴더인가를 모르게 됩니다. 어쩌면 두 번째 계층에 전표 같은 것을 넣으면, 부문 각각의 폴더(세 번째 계층) 속에 들어가야 할지 모릅니다. 이 경우에는 중복이 발생합니다.

　그러니까 **각 계층의 「단면」에서 정보의 「수준」을 갖추도록 합시다.**

　또한, 각 폴더에 넣는 폴더나 파일의 순서도 중요합니다. **시계열이나 중요도, 긴급도 등 적절한 순서로 번호를 매겨 늘어놓도록 합시다.**

　예를 들어, 그림에서 「전표」 폴더 안에는 「견적서」, 「주문서」, 「청구서」라는 작업이 발생하는 차례(시계열)로 순서를 정했습니다.

　이와 같이 폴더를 정리할 때 규칙을 만들면 누구라도 직감적으로 최단 시간에 필요한 파일을 찾을 수 있습니다.

폴더 관리 규칙

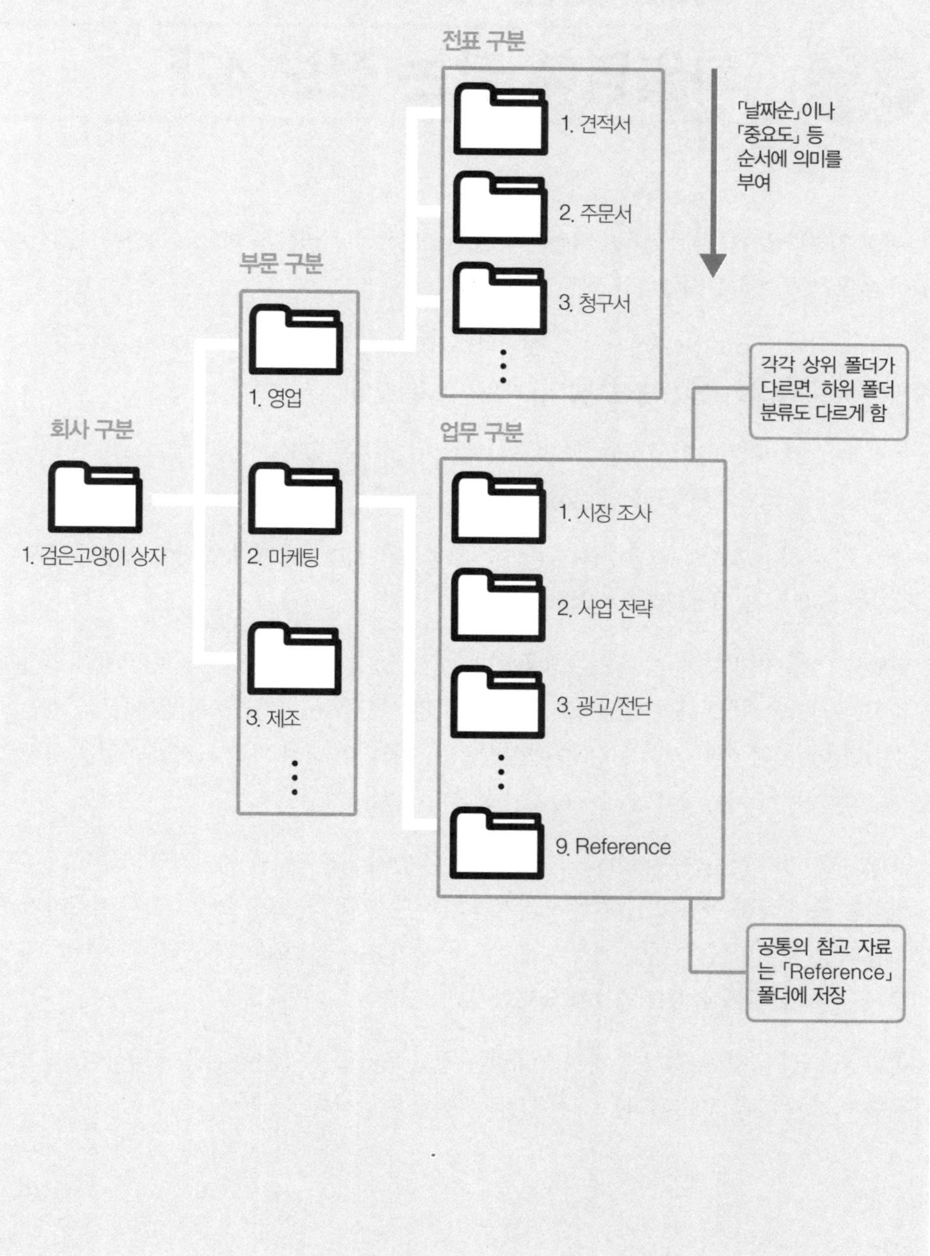

전표 구분
1. 견적서
2. 주문서
3. 청구서
「날짜순」이나 「중요도」 등 순서에 의미를 부여
부문 구분
1. 영업
2. 마케팅
3. 제조
회사 구분
1. 검은고양이 상자
각각 상위 폴더가 다르면, 하위 폴더 분류도 다르게 함
업무 구분
1. 시장 조사
2. 사업 전략
3. 광고/전단
9. Reference
공통의 참고 자료는 「Reference」 폴더에 저장

최신 파일을 바로 찾을 수 있도록 파일명에 담는 정보 4개

「한참 일하다 보면 실수로 이전 버전의 파일을 바탕으로 문서를 작성하고 있었다」「최신 파일이 무엇인지 모르게 되었다」……

누구나 한 번은 이러한 경험이 있을 것입니다. 이러한 비극이 없도록 하기 위해 가장 좋은 방법은 파일명을 붙이는 방법에 관한 규칙을 만드는 것입니다.

제가 추천하는 파일명의 규칙은「항 번호, 카테고리」,「고유 명사」,「날짜 정보」,「버전 No」라고 하는 4개의 정보를 포함하는 것입니다.

단지 이 규칙만으로도 파일이 폴더 내에서 자동적으로 적절하게 정렬되어 버전의 구분이나 중복, 누락 등을 최소화할 수 있습니다.

다만, 파일을 여러 가지 목적으로 사용하더라도 오리지널 파일을 복사해 이런저런 폴더에 보존하는 것만은 결코 하지 마십시오. 규칙에 따라 이름을 붙이더라도 같은 이름의 파일이 다수 있으면, 결국 어떤 것이 최신 파일인지를 모르게 되어 버려 이전 버전의 파일을 바탕으로 문서를 작성할 가능성이 매우 높아지기 때문입니다.

「기억하고 있기 때문에 괜찮아」라고 방심하며 한 번이라도 복사를 해버리면 나중에 정리·수정하는 것이 극히 어렵게 됩니다. 오리지널 파일은 1개로 하고 필요에 따라서 바로가기를 만드는 것을 추천합니다. 만약 바로가기 링크가 끊어졌을 경우에는「우클릭」→「속성」에서 바로가기「대상」란에 올바른 정보를 입력합니다.

파일명을 올바르게 작성하는 것이 쓸데없는 정보 트러블을 막는 첫걸음이 됩니다. 평소에 규칙을 따라 올바른 정보 관리를 해서 기분 좋게 일을 합시다.

파일명 짓기의 법칙

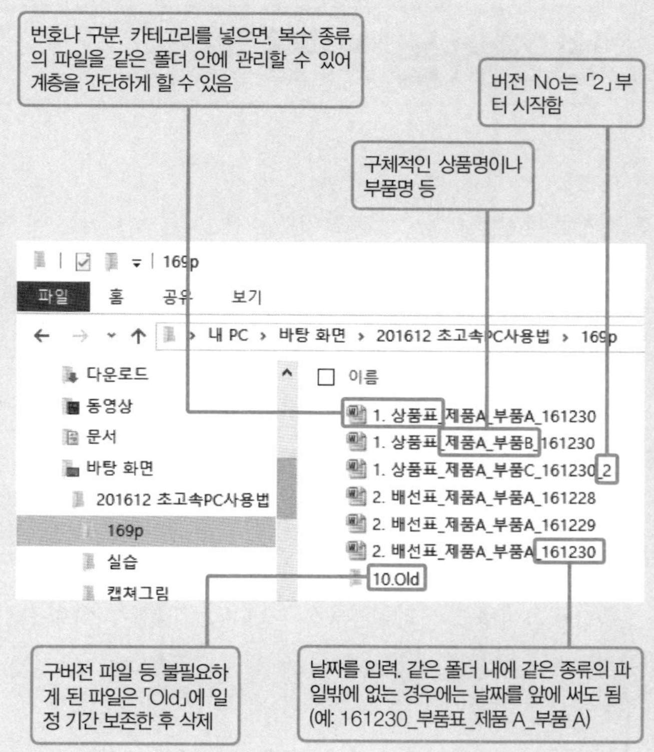

번호나 구분, 카테고리를 넣으면, 복수 종류의 파일을 같은 폴더 안에 관리할 수 있어 계층을 간단하게 할 수 있음
버전 No는 「2」부터 시작함
구체적인 상품명이나 부품명 등
169p
파일   홈   공유   보기
내 PC › 바탕 화면 › 201612 초고속PC사용법 › 169p
다운로드
동영상
문서
바탕 화면
201612 초고속PC사용법
169p
실습
캡쳐그림
이름
1. 상품표_제품A_부품A_161230
1. 상품표_제품A_부품B_161230
1. 상품표_제품A_부품C_161230_2
2. 배선표_제품A_부품A_161228
2. 배선표_제품A_부품A_161229
2. 배선표_제품A_부품A_161230
10.Old
구버전 파일 등 불필요하게 된 파일은 「Old」에 일정 기간 보존한 후 삭제
날짜를 입력. 같은 폴더 내에 같은 종류의 파일밖에 없는 경우에는 날짜를 앞에 써도 됨 (예: 161230_부품표_제품 A_부품 A)

많은 파일의 이름을 한꺼번에 변경하는 비결

앞에서 설명한 것처럼 파일명을 올바르게 붙이는 것은 PC를 정리하는 데 매우 중요한 일입니다. 단지, 「지금에 와서 파일명을 전부 변경하는 것은 양이 너무 많아서 무리……」라고 생각하는 사람도 많을 것입니다. 그 기분은 잘 압니다. 일반적으로 복수의 파일명을 변경할 때는 마우스로 클릭해 1개씩 바꿉니다. 혹은, 파일을 선택 → F2 를 눌러 파일명을 변경 가능한 상태로 하고 → 파일명 입력 → Enter 로 확정 → ↑ ↓ ← → 방향키로 다음 파일로 이동 → 또 F2 를 누르고…… , 이러한 반복을 할 것이라 생각합니다. 그러나 이러한 방법은 시간이 너무 오래 걸립니다.

이러한 귀찮은 순서를 거치지 않고 척척 이름을 변경할 수 있는 방법이 있습니다.

먼저, 파일을 선택하고, F2 를 눌러 파일명을 입력합니다. 그 후 Enter 를 누르지 않고 Tab 을 누르면, 바로 아래 파일이 이름 입력 가능 상태로 됩니다. 입력이 끝나면 또 Tab 을 누르면서 아래로 아래로 이동해 갈 수 있습니다.

단지 이러한 조작으로도 놀라울 정도의 속도로 여러 개의 파일명을 변경할 수 있습니다.

게다가 복수의 파일을 정리하고 일련번호를 붙이는 방법도 있습니다. 이것은 사진 같은 것을 정리할 때 편리합니다.

먼저, 가장 마지막에 두고 싶은 파일로부터 차례 차례 Shift + ↑ ↓ ← → 방향키로 선택합니다. 거기서 F2 를 누르면서 파일명을 변경하면서 Enter 를 누르면, 파일명의 맨 끝에 (1) (2) (3)…… 이라고 번호가 차례로 부여되어 단숨에 이름이 바뀝니다.

이 두 가지 기술을 사용하면 대량의 파일명을 단시간에 변경할 수 있습니다. 여유 시간에 짬짬이 변경하다 보면, 그리 길지 않은 시간에 PC 안의 파일 정보 정리가 모두 진행될 것입니다.

Tab 조작으로 연속으로 이름 변경

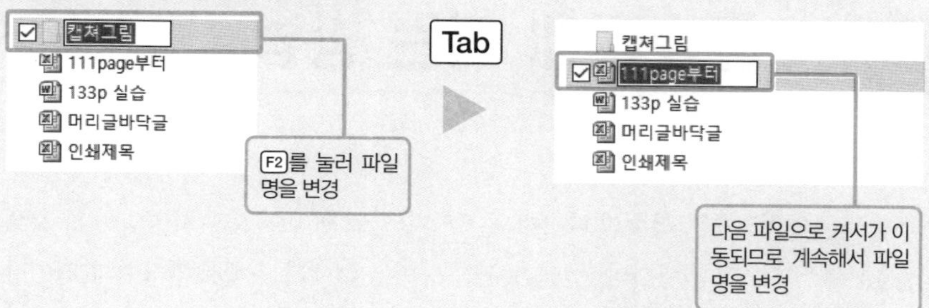

한 번에 연속 번호를 붙임

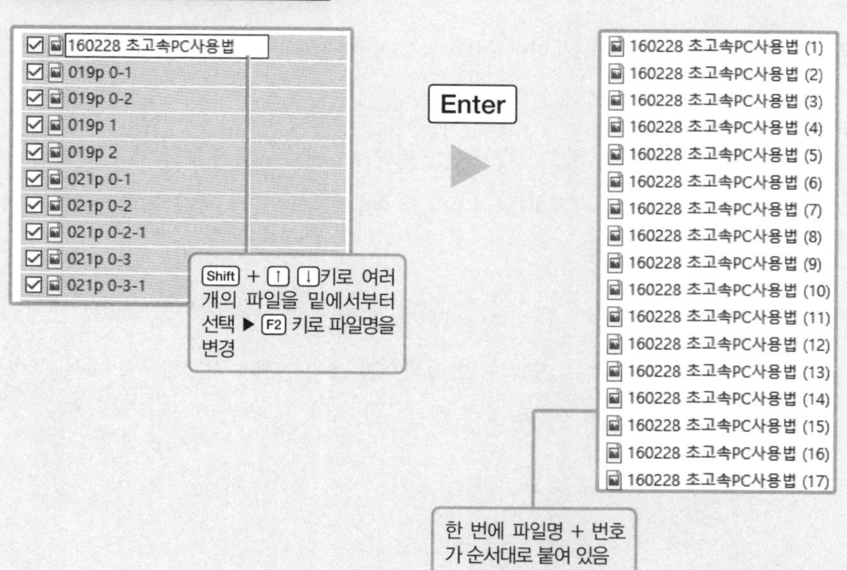

폴더 안의 수많은 파일 중에서 필요한 것을 한순간에 여는 방법

폴더 안에는 일반적으로 복수의 파일이 들어갑니다. 그러나 저장된 파일의 수가 너무 많으면 찾는 데 시간이 오래 걸립니다. 이러한 시간 낭비를 없애기 위해서 필요한 파일이나 폴더를 바로 여는 방법을 소개합니다.

원하는 파일 · 폴더명의 머리글자를 알파벳이나 숫자로 해두면 폴더가 열린 상태에서 해당 알파벳이나 숫자를 누르는 순간에 그 파일이나 폴더까지 커서를 이동시킬 수 있습니다.

많은 파일이 들어 있는 폴더가 있어 매번 검색에 시간이 오래 걸리면 파일명의 앞에 숫자 혹은 알파벳을 적어 두면 좋을 것입니다.

여담입니다만, **파일이나 폴더를 선택한 상태에서 Alt + Enter 를 누르면 해당 파일이나 폴더의 속성을 단번에 열 수 있습니다. 파일의 데이터 용량이나 만든 날짜를 알고 싶을 때에는 이 기술을 사용하면 좋을 것입니다.**

이와 같이 폴더 내에서 필요한 조작도 마우스를 사용하지 않고 실시할 수 있습니다.

업무에 PC를 사용하는 사람은 거의 매일 액세스할 폴더를 효과적으로 사용하는 기술을 몸에 익히면 업무 효율이 비약적으로 향상될 것입니다.

폴더 안의 커서를 자유자재로 조작하기

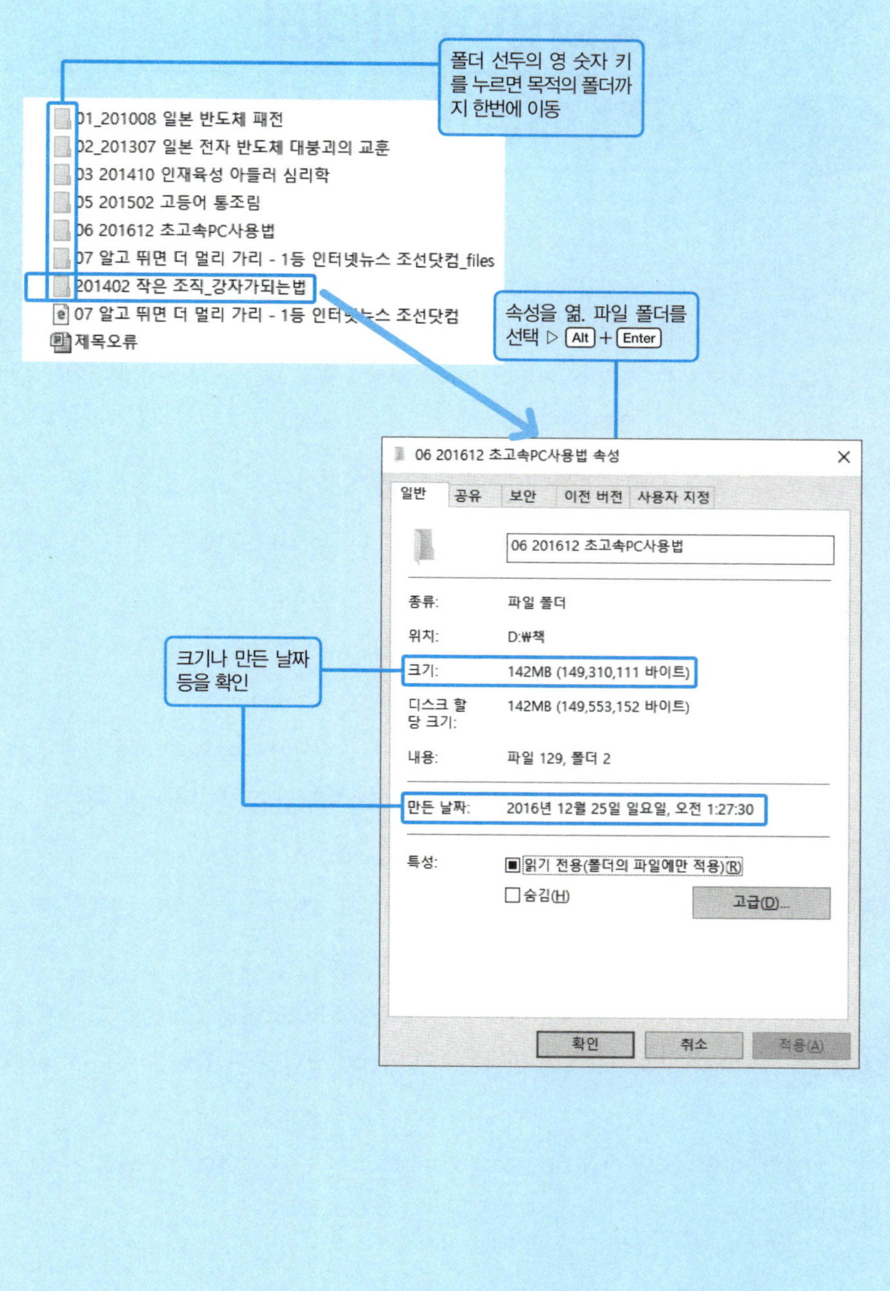

매일 사용하는 파일은 바탕화면이 아니라 시작 메뉴에 정리

매일 사용하는 폴더나 파일을 바탕화면에 저장하는 사람들이 많습니다. 그러나 바탕화면에 폴더나 파일을 관리하는 것은 프레젠테이션 등을 할 때 바람직하지 않고, 메모리를 잡아먹어 성능 저하의 원인이 되기도 합니다. 또한, 바탕화면에 저장한 파일이 많아지면 원하는 파일을 찾는 데도 시간이 오래 걸립니다.

이러한 이유로 자주 사용하는 폴더나 파일은 「시작 메뉴」에 저장하는 것을 추천합니다.

시작 메뉴는 애플리케이션을 정리하는 장소라고만 아는 사람도 많을 것입니다. 그러나 시작 메뉴에는 폴더나 파일을 보존할 수도 있습니다.

40페이지에서 가끔씩만 사용하는 애플리케이션은 시작 메뉴에 놓으라고 권했는데, 같은 방법으로 자주 사용하는 파일도 정리해 둡시다.

사용 중인 OS에 시작 버튼이 없거나 있어도 사용하기 어려운 경우에는 앞에서 설명한 프리 소프트웨어 「Classic Shell」을 사용해 Windows 7과 같이 간단한 시작 메뉴를 구현하면 좋을 것입니다.

이렇게 해두면, ⊞ 키를 눌러 시작 메뉴를 열고, ↑ ↓ 방향키로 파일을 선택한 후 Enter 를 누르는 것만으로 원하는 파일·폴더를 한 번에 열 수 있습니다.

저는 평소 자주 사용하는 명부나 관리표 등의 파일 외에도 최근 진행하는 업무에 관련된 정보를 넣은 「On Going」 폴더, 경영하는 4개 회사에 관한 폴더를 시작 메뉴에 등록해 두었습니다.

일상적으로 사용하는 폴더나 파일을 재빨리 열 수 있고, 바탕화면도 간결하게 되므로 추천합니다.

시작 메뉴를 사용한 정리

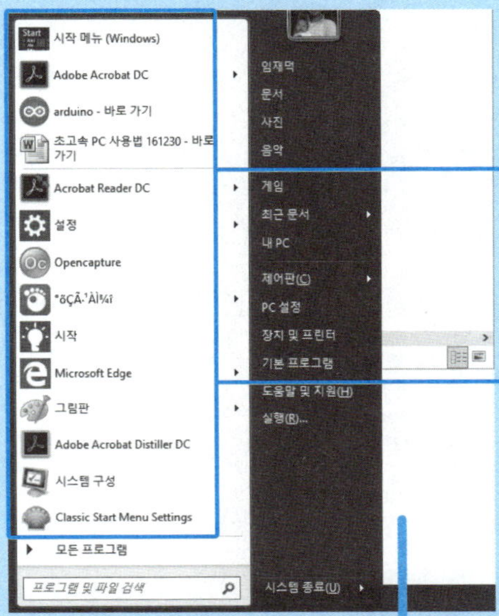

드래그 앤드 드롭으로 자주 쓰는 폴더나 파일의 바로가기를 사전 등록

↑ ↓ ▶ Enter 로 폴더/파일을 선택

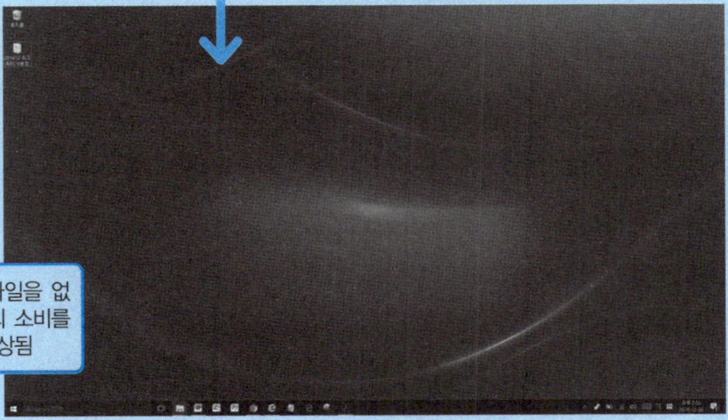

바탕화면에 폴더/파일을 없애서 깔끔함. 메모리 소비를 억제하여 속도가 향상됨

제 7 장

필요한 정보를 신속하게 발견!

정보 검색 편

대부분의 사람들은 업무에 필요한 정보를 인터넷을 통해서 찾을 것입니다. 그러나 인터넷 정보는 날마다 폭발적으로 계속 증가하고 있어서 필요한 정보를 잘 찾지 못하는 사람도 많을 수 있습니다.

인터넷에 넘치는 정보 속에서 자신에게 정말 필요한 정보를 찾기 위해서는 「검색 기술」이 필요합니다. 이 「기술」을 몸에 익힌다면 인터넷 검색에 걸리는 시간을 큰 폭으로 줄일 수 있습니다.

게다가 필요한 정보에 바로 접근할 수 있으면 PC 안에 많은 데이터를 보존해 둘 필요가 없어져 PC 자체 성능도 올릴 수 있습니다.

이번 장에서는 검색 엔진의 대표격인 Google의 기능을 중심으로 필요한 정보에 재빨리 접근하는 기술을 소개합니다.

5초 이내에 검색이 가능한 환경을 만드는 방법

브라우저를 시작하고, 마우스로 검색 바를 선택하고 나서 검색 워드를 친다…… 인터넷 검색을 할 때 항상 하는 일이지만, 매번 이러한 순서대로 하는 것은 시간이 아깝습니다.

또한, 알고 싶은 것이 머릿속에 떠올랐을 때 신속하게 검색하지 않으면 조금 후에는 「아, 뭐였었지?」라는 상황이 전개됩니다. 이렇게 되지 않도록 최단 시간에 검색하는 기술을 배워 둘 필요가 있습니다.

따라서 브라우저의 주소 바를 사용해 검색 시간을 단축하는 기술을 소개합니다.

브라우저를 열고 Alt + D 를 누르면 주소 바에 커서가 이동됩니다. 이때 검색하려는 키워드를 넣고 Enter 를 누르면 검색 결과가 표시됩니다. 그때의 검색 엔진이 Internet Explorer라면 「Bing」, Chrome이면 「Google」이 적용됩니다. 이렇게 하면 마우스를 사용하는 것보다 빠르게 검색할 수 있습니다.

이에 더해 일본어 검색에서 추천하고 싶은 것은 무료 검색 툴 「ESTART 데스크톱 바 (http://start.jword.jp/desktop/)」를 사용하는 방법입니다. 사용하는 PC에, 이 툴을 인스톨해 두면 어떤 상황에서도 **Ctrl 을 두 번 누르기만 하면 바로 검색 바가 열려서 키워드 검색을 할 수 있습니다.** 검색 전에 브라우저를 시작할 필요도 없어서 검색에 걸리는 시간을 극단적으로 단축할 수 있습니다.

이 툴의 장점은 Google 검색뿐만이 아니라 YouTube나 Amazon, Twitter도 검색 범위에 포함하는 것입니다. 방식도 간단하고 검색 박스에 키워드를 넣어 Alt + ↑ ↓ 방향키로 툴을 선택하고 나서 Enter 로 확정하면 됩니다. 글로만 읽으면 그 편리함을 잘 모르겠지만, 실제로 인스톨해서 사용해 보면 정말로 편리하여 놀랄 것입니다.

무언가 생각난 순간 바로 검색할 수 있는 환경과 습관을 꼭 몸에 익히시기 바랍니다.

ESTART의 사용법

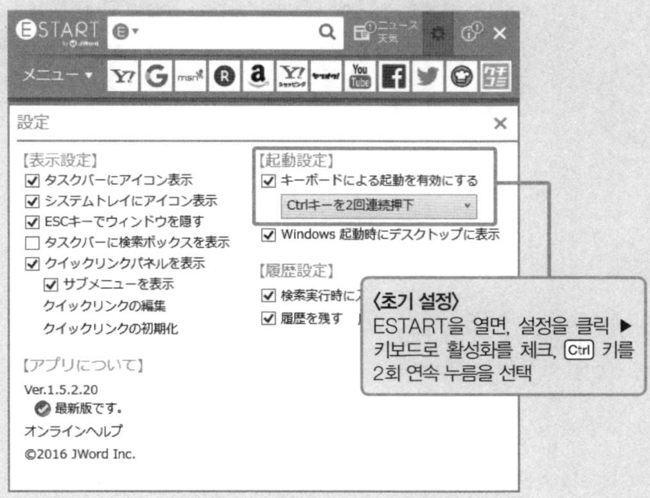

〈초기 설정〉
ESTART을 열면, 설정을 클릭 ▶ 키보드로 활성화를 체크, Ctrl 키를 2회 연속 누름을 선택

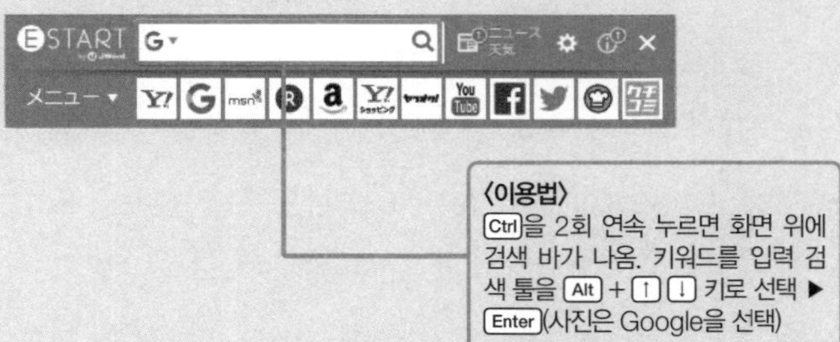

〈이용법〉
Ctrl을 2회 연속 누르면 화면 위에 검색 바가 나옴. 키워드를 입력 검색 툴을 Alt + ↑ ↓ 키로 선택 ▶ Enter (사진은 Google을 선택)

필요한 정보만 찾도록 Google 검색 결과의 정확도를 높이는 비결

인터넷으로 검색해도 필요한 정보를 좀처럼 찾을 수 없었던 경험이 있습니까?

인터넷에 넘치는 방대한 정보 속에서 자신에게 유용한 정보를 재빨리 찾기 위해서는 검색 키워드를 잘 생각해야 합니다. 키워드 설정 방법에 따라서 검색 결과의 정확도가 크게 바뀝니다.

여기에서는 Google 검색을 사용하여 필요한 정보에 빨리 도착하기 위한 기본적인 방법을 6가지 소개합니다.

① **A(스페이스)B:**「A」·「B」 키워드 모두 포함되어 있는 정보를 검색합니다. 가장 자주 사용되는 검색 방법으로 특정 조건에 맞는 정보를 찾는 데 편리합니다.

② **A(스페이스)OR(스페이스)B:**「A」·「B」 키워드 중 하나라도 포함되어 있는 정보를 검색합니다. 대상을 폭넓게 하여 조사할 때 좋습니다.

③ **A(스페이스)-B:** 키워드「B」를 포함하는 정보는 생략하고, 키워드「A」만이 들어간 검색 결과를 표시합니다. 키워드가 중복된 의미를 가지는 경우에 검색의 정밀도를 높이기 위해 필요합니다.

④ **"A":**「""」로 둘러싼 키워드「A」와 완전하게 일치하는 말이 포함되는 정보만을 표시합니다. 고유명사 등 특정의 단어가 포함되는 정보를 조사할 때 적절한 방법입니다.

⑤ **A*:** 단어 뒤에「asterisk(별표)」를 붙여 불명료한 어구를 고려한 검색 결과를 표시합니다. 말의 일부밖에 생각나지 않을 경우에 적절합니다.

⑥ **A란:** 단어의 의미를 검색하고 싶을 때 편리합니다. 단어의 설명이 검색 결과의 상위에 표시됩니다.

검색의 정밀도를 높이는 6가지 기술

명칭	내용	예
① AND 검색	A (스페이스) B A와 B가 포함되어 있는 것	수수께끼 이벤트 (*약 501,000개)
② OR 검색	A (스페이스) OR (스페이스) B A 혹은 B가 포함되어 있는 것	수수께끼 OR 이벤트 (*약 286,000,000개)
③ 마이너스 검색	A (스페이스) – B B가 제외된 A	하이닉스 –SK (*약 431,000개) (비교, 하이닉스SK로 검색 시 약 582,000개)
④ 완전 일치 검색	"A" A가 단어로 포함된 것	"작은 조직이" (*약 27,100개) (비교, 작은 조직으로 검색 시 약 1,630,000개)
⑤ 와일드카드 검색	A* A로 시작하는 문구로 검색	시장의 강자가* (*약 483,000개) (비교, 시장의 강자가 약 415,000개)
⑥ 단어의 의미 검색	A는/은 혹은 A? A의 해설을 결과 표시	IoT는, A?

※ 역자주: 예는 Google에 해당 단어를 넣었을 때 실제 검색 결과(2016년 12월 30일 결과 값)

Tip

Google 하단의 「설정」 ➡ 「고급 검색」을 클릭하면 다양한 검색 조건으로 정보를 검색할 수 있습니다.

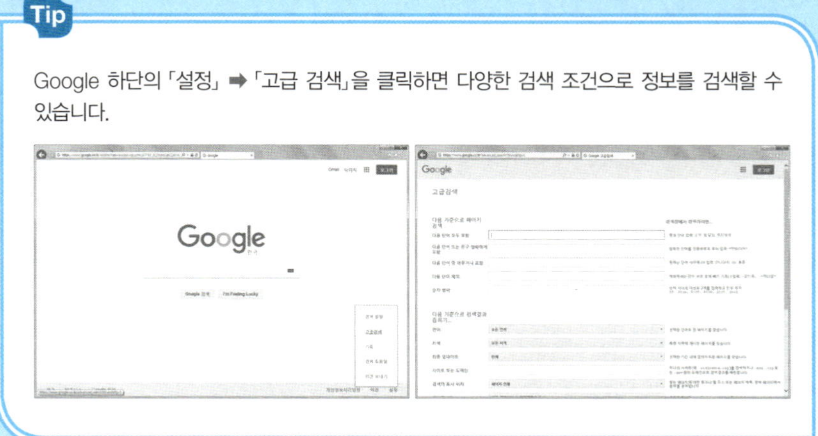

신속히 「즐겨찾기」를 열고, 등록하는 방법

　여러분도 자주 사용하고 있겠지만, Internet Explorer의 「즐겨찾기」에 향후 도움이 되거나 참고할 사이트를 저장해 두면, PC 용량에 부담을 주지 않고 필요한 정보로 곧 접근할 수 있습니다. 게다가 이것들은 일반적으로 클라우드와 동기화할 수 있으므로 디바이스에 상관없이 정보를 관리할 수도 있습니다.

　여기에서는 「즐겨찾기」를 사용할 때에 도움이 되는 단축키를 3가지 소개합니다.

① **「즐겨찾기」에 등록한다:** [Ctrl] + [D]. 익숙해지면 즐겨찾기에 등록을 빨리할 수 있습니다.

② **「즐겨찾기 센터」를 표시한다:** 단축키는 [Ctrl] + [I](닫을 때는 [Esc])입니다. 폴더와 같이 [↑] [↓] [←] [→] 방향키로 커서를 움직일 수 있으므로 매우 편리합니다.

③ **「즐겨찾기」를 백업한다:** 자주 사용하는 기능은 아니지만, PC를 교체할 때나 팀의 멤버와 「즐겨찾기」를 공유할 때에 유용합니다.

　순서는, [Alt] + [F] → [M] 「파일로 내보내기」 → 「즐겨찾기」에 체크 → 「다음」 → 「즐겨찾기를 내보낼 폴더 선택」 → 내보내고 싶은 「즐겨찾기」 폴더를 선택 → 「다음」 → 「즐겨찾기」의 내보내기 경로를 지정 → 「내보내기」, 그리고 「마침」입니다.

　「즐겨찾기」라면 너무도 익숙해서 흥미가 반감될 수 있지만, 자주 사용하는 기능이야말로 단축키를 기억해서 단시간에 효율적으로 정보를 관리할 수 있도록 합시다.

「즐겨찾기」의 백업 방법

「즐겨찾기」의 백업 ▶ [Alt] + [F] + [M] ▶ 「가져오기」 혹은 「내보내기」 선택

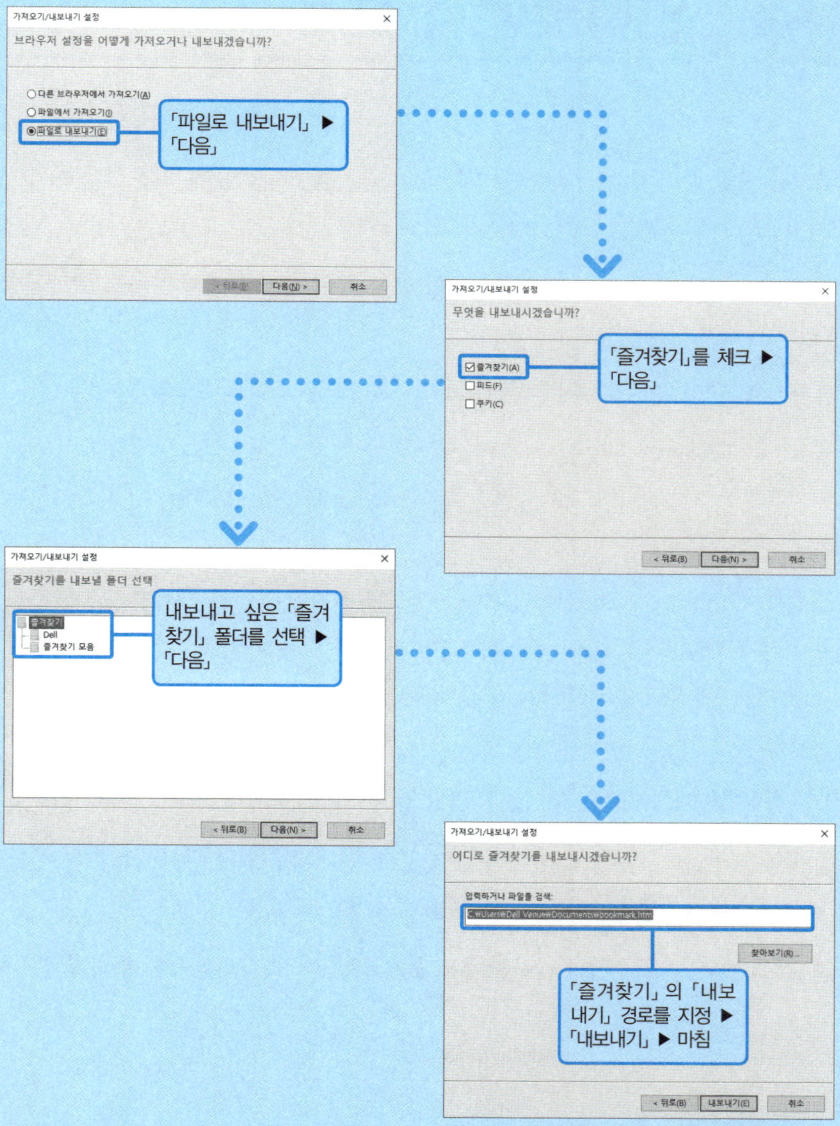

「파일로 내보내기」 ▶ 「다음」

「즐겨찾기」를 체크 ▶ 「다음」

내보내고 싶은 「즐겨찾기」 폴더를 선택 ▶ 「다음」

「즐겨찾기」의 「내보내기」 경로를 지정 ▶ 「내보내기」 ▶ 마침

계약서나 의뢰서, 공적 문서의 양식을 인터넷에서 찾기

계약서나 의뢰서, 공적 문서 등 업무에는 많은 문서를 사용하는데, 새로운 문서가 필요할 때마다 처음부터 만드는 것은 시간이 오래 걸립니다.

이럴 때에 편리한 것이 Google 검색으로 문서 양식/형식(Template)을 찾는 방법입니다. 방식은 다음과 같습니다.

검색 박스에 「filetype:(확장자)(스페이스)(문서명)」 순서로 필요 정보를 입력합니다.

구체적으로 확장자는 다양한 타입을 지정할 수 있습니다. 워드 파일이면 「doc」 혹은 「docx」, 엑셀은 「xls」 혹은 「xlsx」, 파워 포인트는 「ppt」 혹은 「pptx」, PDF는 「pdf」, 사진은 「jpg」라고 입력합니다.

예를 들어, 「filetype:pdf 업무 위탁계약서」로 검색하면 계약서 작성에 도움이 되는 문서 양식이나 예가 다수 발견됩니다. 또, 사회보험의 「피보험자 자격 취득 신고서」와 같은 공적 문서가 필요한 경우에도 도움이 되므로 추천합니다.

덧붙여서, 「filetype:」의 왼쪽으로 「하이픈」을 넣어 「–filetype:(확장자)(스페이스)(문서명) 」이라고 입력하면 지정한 파일 형식을 제외한 검색 결과를 표시시킬 수도 있습니다.

저는 각종 계약서나 사회보험 관계의 공적 문서, 견적서·청구서 등의 업무 문서, 공개 기업의 결산보고나 유가증권 보고서 등을 찾을 때 사용하고 있습니다.

다만, 검색 결과 중에는 편집 금지인 것도 있으므로, 저작권 규정 등에 주의해 주십시오.

파일 형식을 지정하여 Google 검색

 filetype: (확장자)(Space)(문서명)

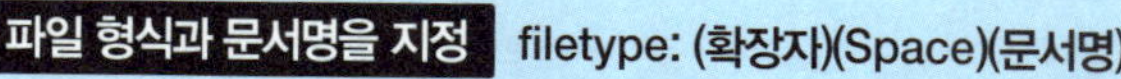

검색 박스에 파일 형식과 문서명을 지정하여 filetype 검색을 실시

Enter

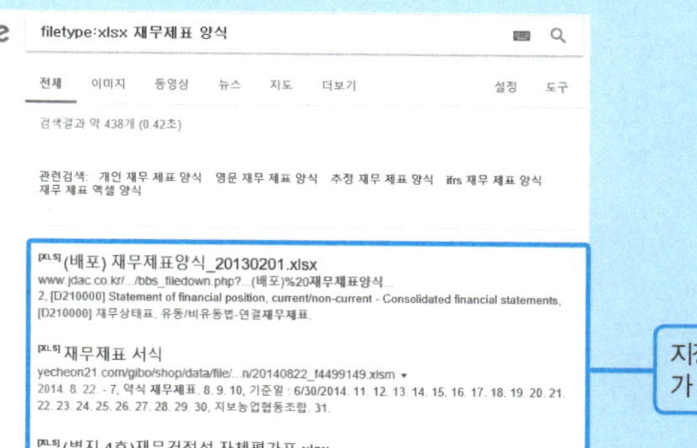

지정한 형식의 문서 후보가 검색 결과로 표시됨

선택하여 클릭

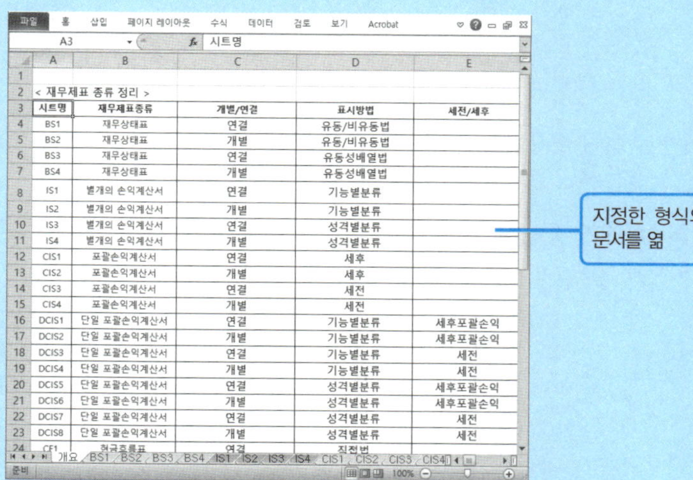

시트명	재무제표종류	개별/연결	표시방법	세전/세후
	< 재무제표 종류 정리 >			
BS1	재무상태표	연결	유동/비유동법	
BS2	재무상태표	개별	유동/비유동법	
BS3	재무상태표	연결	유동성배열법	
BS4	재무상태표	개별	유동성배열법	
IS1	별개의 손익계산서	연결	기능별분류	
IS2	별개의 손익계산서	개별	기능별분류	
IS3	별개의 손익계산서	연결	성격별분류	
IS4	별개의 손익계산서	개별	성격별분류	
CIS1	포괄손익계산서	연결	세후	
CIS2	포괄손익계산서	개별	세후	
CIS3	포괄손익계산서	연결	세전	
CIS4	포괄손익계산서	개별	세전	
DCIS1	단일 포괄손익계산서	연결	기능별분류	세후포괄손익
DCIS2	단일 포괄손익계산서	개별	기능별분류	세후포괄손익
DCIS3	단일 포괄손익계산서	연결	기능별분류	세전
DCIS4	단일 포괄손익계산서	개별	기능별분류	세전
DCIS5	단일 포괄손익계산서	연결	성격별분류	세후포괄손익
DCIS6	단일 포괄손익계산서	개별	성격별분류	세후포괄손익
DCIS7	단일 포괄손익계산서	연결	성격별분류	세전
DCIS8	단일 포괄손익계산서	개별	성격별분류	세전
CF1	현금흐름표	연결	직접법	

지정한 형식의 문서를 엶

검색 외 Google의 편리한 기능 소개

Google에는 검색 기능만 있다고 흔히 생각하지만, 사실 Google에는 검색 이외에도 여러 가지 편리한 기능이 있습니다. 이번에는 제가 효율화를 위해서 특히 편리하게 쓰는 기술 4가지를 소개합니다.

① 계산기

Google을 계산기로 사용할 수 있는 것을 아십니까? 책상에서 계산기를 꺼내거나 PC의 계산기 애플리케이션을 켜지 않아도 브라우저상에서 간단하게 계산할 수 있습니다. 사용법은 검색 박스에 「24000*1.08」과 같이 수식을 입력한 후 [Enter]를 누르면, 「계산기」 화면과 계산 결과를 표시해 줍니다. 무척 편리해서 저는 이 기능을 알고 나서 계산기를 일체 사용하지 않게 되었습니다.

② 번역

계산기와 함께 제가 빈번히 사용하는 것이 번역 기능입니다. 예를 들어, 영어 단어를 찾고 싶은 경우 「한영(스페이스)번역」이라고 입력한 후 [Enter]를 누르면, 영어 단어를 표시해 줍니다. 또한, 「일영(스페이스)일본어」라고 입력한 후 [Enter]를 누르면 일본어의 영어 단어인 Japanese를 보여 줍니다. 게다가 스피커 아이콘을 누르면 발음까지 들을 수 있습니다.

Google의 검색 이외의 편의 기능 ❶

계산기

※ 「*」는 x(곱셈)의 의미

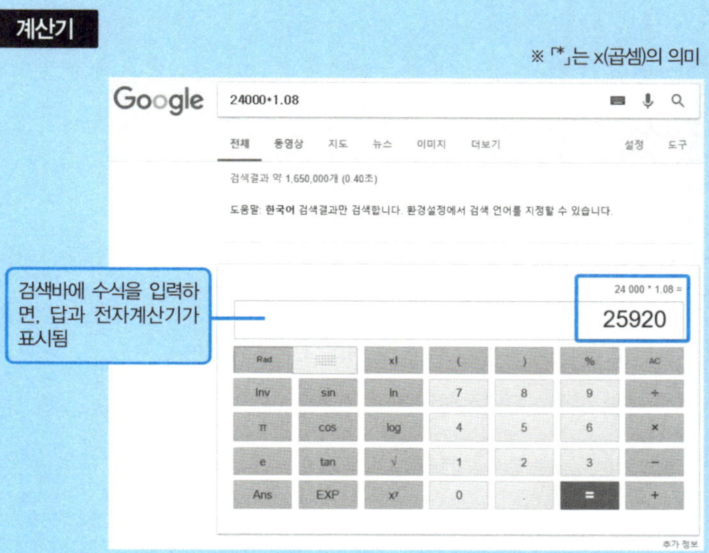

번역

③ 단위 환산

단위 변환이 가능합니다. 예를 들어, 1달러를 원으로 환산하고 싶은 경우는 「1달러는 몇 원」, 1톤을 킬로그램으로 변환하고 싶은 경우는 「1톤은 몇 킬로(그램)」라고 검색 박스에 입력 후 [Enter]를 누르면 대답이 표시됩니다.

변환 가능한 단위는 온도나 길이, 질량, 속도, 체적, 면적, 시간, 연료 등 매우 다양합니다.

④ 일기 예보

Google을 사용하면 일기 예보도 놀라울 정도도 간단합니다. 예를 들어, 반포동의 날씨를 알고 싶은 경우, 「날씨: 반포」, 혹은 「날씨(스페이스)반포」라고 입력한 후 [Enter]를 누르면, 반포동의 당일을 비롯 1주일의 날씨와 기온 예측이 표시됩니다.

여기서 소개한 것 외에도 Google에는 편리한 기능이 많이 숨겨져 있습니다. 여러분도 여러 가지 시험해 보고 자신에 맞는 활용법을 찾아보시기 바랍니다.

Tip

크롬(Chrome) 웹 브라우저를 사용하는 경우 Google에서 「확장 프로그램」을 검색하면 업무에 도움을 주는 다양한 확장 프로그램을 설치할 수 있습니다.

Google의 검색 이외의 편의 기능 ❷

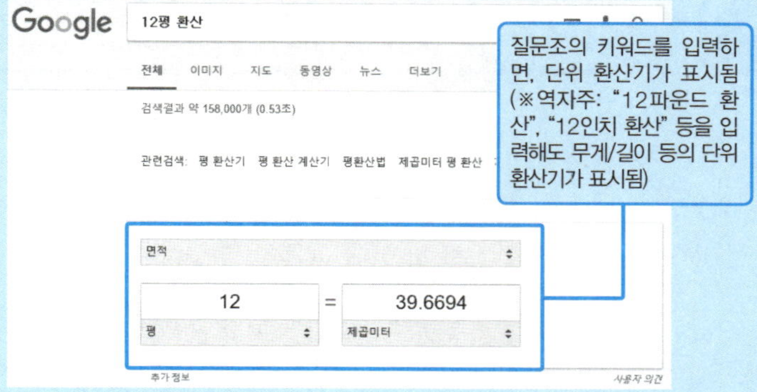

정확한 이름이 생각나지 않는 경우 이미지 검색을 이용

「검색」이라면 우선 텍스트 검색이 생각나겠지만, Google에는 텍스트 외에도 이미지나 동영상, 뉴스, 지도 등 다양한 조건으로 검색하는 기능이 있습니다.

그중에서도 이미지 검색을 자주 활용하는 사람도 많이 있습니다. 일반적으로 이미지 검색은 특정 키워드에 해당하는 이미지를 찾기 위해서 사용되는 경우가 대부분이라고 생각하는데, 그 이외에도 편리한 사용법이 있습니다.

특히, 전자제품의 이름이나 영화에 출연한 배우 이름 등 형태나 얼굴은 기억하고 있는데, 이름이 생각나지 않는 경우에 도움이 됩니다.

이러한 경우에는 고유명사로 검색할 수 없기 때문에 관련된 키워드로 이미지를 검색합니다. 검색 결과가 표시되면 화면을 스크롤하여 원하는 이미지를 찾아내 이미지를 클릭하면 관련 정보가 나오게 됩니다. 거기서부터 정식 명칭을 알 수 있는 경우도 있고, 이미지 오른쪽에 있는 「페이지 방문」을 클릭하여 그 이미지가 포함되어 있는 원래의 페이지를 열고 원하는 정보를 찾아볼 수도 있습니다.

예를 들어, 영화 「글래디에이터」의 주인공 러셀 크로우의 숙적 역할을 연기한 배우, 호아킨 피닉스의 이름이 생각나지 않는 경우 「배우 글래디에이터」로 이미지를 검색한 후 얼굴 이미지가 나오면 「그래 그래! 이 사람」이라며 거기에서부터 정보를 되짚어 가면 됩니다.

이미지 검색은 인명 이외에도 제품명이나 형식, 가게 이름, 명소, 유원지 등등 다양한 분야에서 정보 검색에 활용할 수 있습니다.

인간은 문자보다 이미지나 영상을 잘 기억합니다. 이미지 검색을 능숙하게 이용하여 보다 빠르게 원하는 정보를 찾을 수 있도록 해봅시다.

인명을 이미지 검색으로 찾는 방법 (예)

제8장

모르면 손해
Outlook
메일 사용

메일 발송 속도 향상 기술

여러분의 PC에는 하루 몇 건의 메일이 도착합니까? 10건 미만으로 오는 사람도 있겠지만, 하루에 100건 이상 오는 사람도 있을 것입니다. 저는 매일 수백 건의 메일을 받고 있습니다.

많은 직장인은 적어도 하루에 10여 건 이상 수십 건까지 메일을 받고 있을 것입니다. 또한, 메일을 읽는 것만 아니고 신규 작성이나 답신 전송 등에 시간을 빼앗기게 됩니다. 만일 매일 수십 건의 메일을 교환한다면 1년간 소비되는 시간은 어마어마할 것입니다.

따라서 이번에는 제가 매일 수백 건의 메일을 교환하면서 익힌, 메일 열람과 처리에 걸리는 시간을 큰 폭으로 줄이는 기술을 소개합니다.

덧붙여서, 이 책에서는 직장인에게 널리 사용되는 메일러(mailer)인 Outlook에 대해 설명합니다.

메일을 개봉하지 않고 읽도록 Outlook 설정을 변경하여 메일 열람을 고속화

메일 교환 시 가장 많은 시간이 걸리는 것은 「읽는 일」입니다. 메일을 1건씩 열어 읽는 것만으로도 매일 상당한 시간이 걸립니다. 이것을 효율화하기 위해서 먼저 Outlook 설정을 확인합시다.

우선, 화면 레이아웃이 그림과 같이 화면 왼쪽에 「탐색창 윈도우」, 「정보 창」, 「 읽기 창(프리뷰)」의 순서로 표시되는지 확인합니다.

이와 같이 설정되어 있으면 1건씩 메일을 개봉하지 않아도 ↑ ↓ 방향키로 프리뷰를 확인하면서 메일을 읽어나갈 수 있습니다.

레이아웃이 다른 사람은 보기 → 레이아웃 카테고리의 「읽기 창」에서 「오른쪽」을 선택해 변경해 주십시오.

다음, 「자동 개봉 기능」은 초기 설정에 오프(off)로 되어 있지만, 미개봉 메일을 선택할 때 일정 시간 후 자동으로 개봉되도록 되어 있는 사람도 있을 것입니다. 저는 이것을 오프로 하는 것을 추천합니다. 메일의 내용에 따라서는 길어서 프리뷰로는 다 읽을 수 없는 것도 있고, 나중에 차분히 읽고 싶은 것도 있습니다. 따라서 자동 개봉 설정을 해두면 확인하지 않고 지나치는 일이 일어날 가능성이 높아지기 때문입니다.

이 설정을 오프로 하려면, 파일 → 옵션 → 고급 → Outlook 창 「읽기 창」을 클릭해, 열린 윈도우상에서 「읽기 창에서 읽었을 때 읽은 상태로 표시」의 체크를 해제한 후 「확인」을 누릅니다.

여기에 더해, 개봉(Ctrl + Q)·미개봉(Ctrl + U)의 단축키를 사용하면 메일 열람에 걸리는 시간을 한층 더 단축할 수 있고, 확인을 건너뛰는 일도 방지할 수 있습니다.

메일 화면의 레이아웃 변경과 자동 읽기의 해제

빠른 메일 처리를 위한 기본 레이아웃　표시 ▶ 읽기 창 ▶ 오른쪽

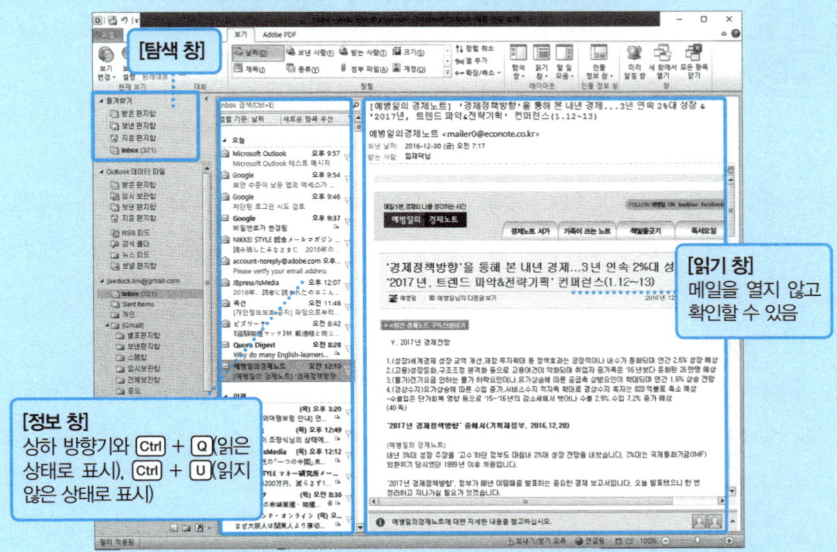

메일 열기의 자동 설명을 해제　파일 ▶ 옵션

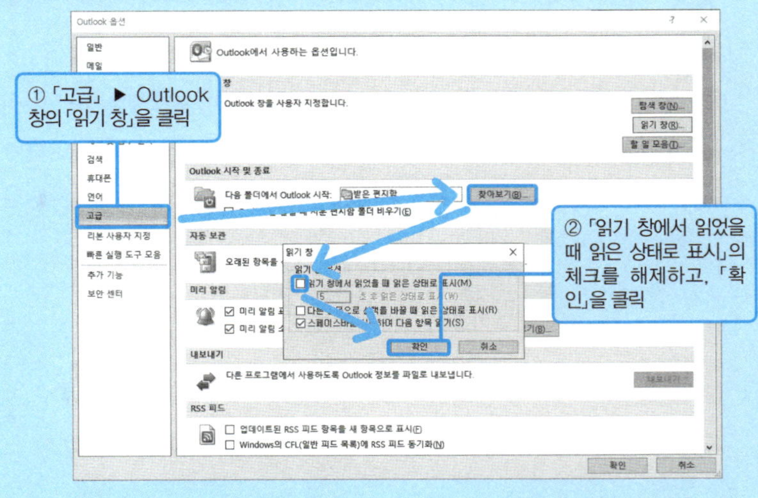

메일 작성 · 전송 · 답신을 키보드로 즉시 실행

메일 작성, 송신 등의 간단한 조작도 마우스를 사용하는 것과 사용하지 않는 것과는 걸리는 시간 차이가 큽니다. 여기에서는 메일 작성 부담을 조금이라도 줄이기 위해 제가 자주 사용하는 기본적인 단축키를 5개 소개합니다. 이 기술들을 사용하면 일상적인 메일 처리가 뚜렷하게 빨라집니다.

① Ctrl + N (새 전자 메일): 새로운 전자 메일을 작성하는 윈도우가 바로 열립니다. 덧붙여서, 메일 작성 시 윈도우의 리본 메뉴 부분이 불필요할 때는 Ctrl + F1 로 리본 메뉴 부분을 감추어 메일 작성 영역을 확대할 수 있습니다.

② Ctrl + F (전달, Forward): 첨부된 파일도 그대로 전달할 수 있습니다.

③ Ctrl + R (회신, Reply): 회신 상대가 1명인 경우.

④ Ctrl + Shift + R (전체 회신): 회신 상대가 여러 명인 경우

⑤ Ctrl + Enter (보내기): ①~④로 메일을 작성한 뒤에 이 단축키로 송신합니다.

여담입니다만, 메일 처리에 걸리는 시간을 줄이기 위해서는 단축키뿐만 아니라 가능한 한 짧은 문장으로 답장하는 일도 중요합니다. 「수고하셨습니다」나 「신세를 지고 있습니다」라는 관용문은 가능한 한 줄이도록 유의합시다. 그러기 위해서는 평소 사내외 주변 사람들과의 신뢰 관계를 쌓아 두는 것이 중요합니다.

특히, 사내에서의 커뮤니케이션은 가능한 한 단순하게 하는 것이 좋습니다.

메일 신규 작성/회신/전달/발신의 단축키

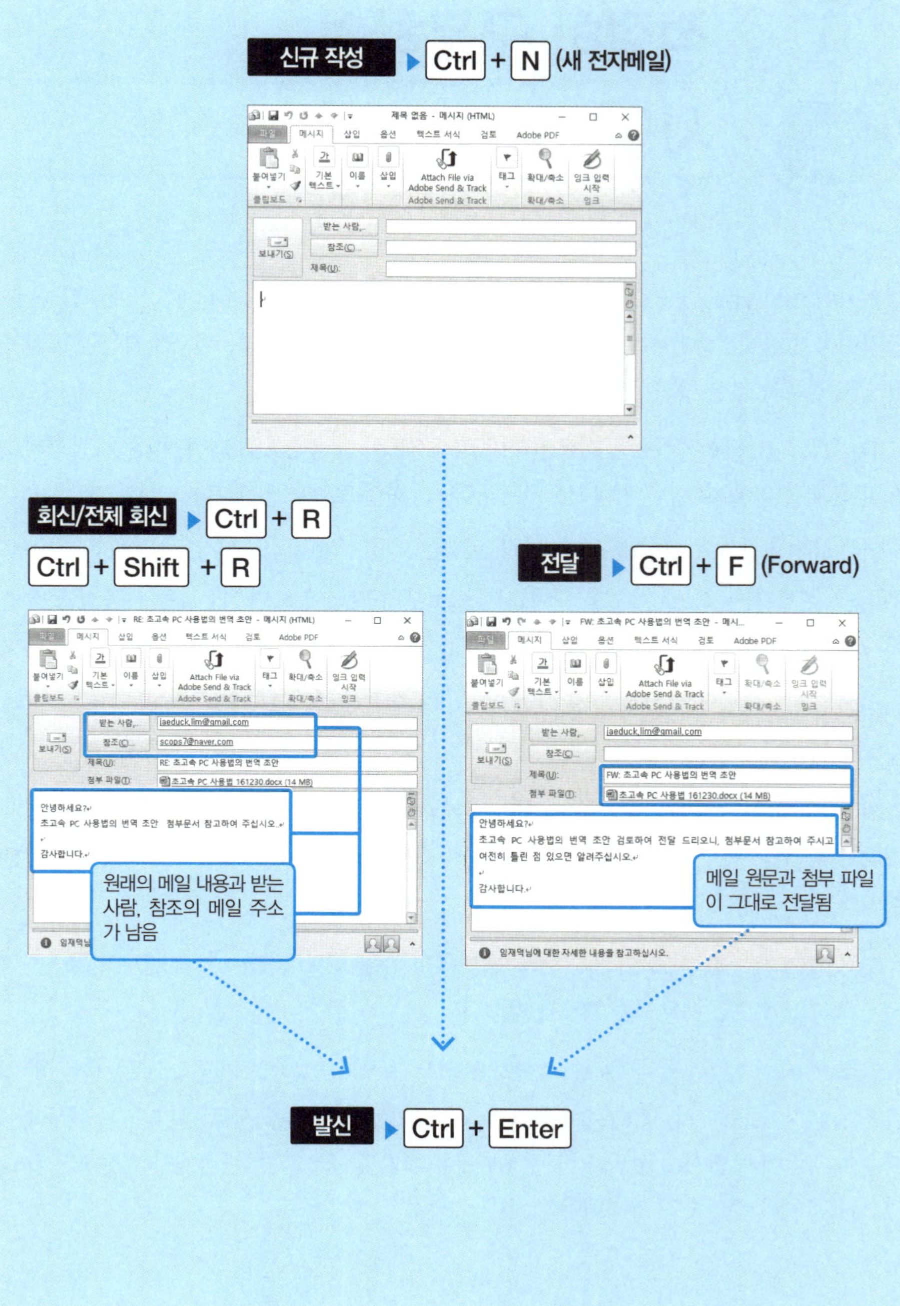

받는 사람 · 참조 · 숨은 참조를 적절히 구분하여 사용하는 방법

스카이프(Skype)나 라인(Line) 등 최근에는 다양한 커뮤니케이션 관련 애플리케이션이 등장하고 있습니다. 메일에만 있는 기능에는 To · Cc · Bcc가 있는데, 이 기능들이 잘못 사용되는 경우도 많은 듯합니다.

To · Cc · Bcc를 올바르게 사용한다면 의사소통이 효율적으로 되며, 다른 사람과의 불필요한 문제를 막을 수 있어 결과적으로 업무 시간 단축으로 연결됩니다.

반드시 올바르게 구분하여 사용하기 바랍니다. 「그런 것 정도는 알고 있어」라는 사람도 있겠지만, 예를 들어 Cc로 메일을 받은 사람으로부터 답신이 오면 「이 사람 사용법을 잘못 알고 있군」이라고 지적 하는 일이 자주 있기 때문에 지금 한 번 확인해 둡시다.

우선 「To」, 이것은 특정 인물에 대한 연락이나 지시 등에 사용되며, 보내는 사람은 받는 사람에게 답신을 요구하는 것입니다.

자주 복수 계정에 「To」를 사용해 송신하는 사람이 있는데, 이렇게 하면 책임의 주체가 애매하게 됩니다. 정보 공유를 목적으로 한 메일 이외는 여러 사람을 「To」로 지정하는 것은 피합시다.

또한, 「Cc」는 책임자 이외에 내용을 알아 두면 좋은 사람이 있는 경우에 사용됩니다. 주로 정보 공유 목적으로 사용되는 경우가 많습니다.

간혹 「Cc」로 메일을 받은 사람이 답장을 하는 경우가 있는데, 기본적으로는 답장할 책임은 없습니다. 덧붙여서, 「Cc」로 송신하면 누구에게 보냈는지를 서로 압니다. 따라서 불특정 다수의 사람에게 일제히 송신을 하는 경우에는 개인 정보 보호의 관점에서 적절하지 않을 수 있으니 각별히 주의하여 사용해야 합니다.

To(받는 사람)/CC(참조)/숨은 참조(BCC)의 차이점

명칭	회신해야 할 책임	상대방의 연락처 표시	주요 용도
To(받는 사람)	있음	표시	• 답신을 해야 하는 연락/지시
CC(참조)	없음	표시	• 책임자 이외의 사람에게 정보 공유
숨은 참조 (BCC)	없음	표시 안 됨	• 책임자 이외의 사람에게 정보 공유 • 불특정 다수의 사람에게 일괄적인 정보 공유

마지막으로, 「Bcc」는 내용을 공유하고는 싶지만, 메일을 받는 사람들 간에 상호의 존재나 연락처를 알리고 싶지 않은 경우에 사용합니다. 「Cc」와 동일하게 답신 책임은 없고, 참고나 정보 공유 이외에 다른 수신자에게 주소가 안 보이므로 정보 보호에 이용되기도 합니다.

커뮤니케이션의 목적에 의해서 To · Cc · Bcc를 효과적으로 구분하여 사용할 수 있도록 합시다.

신속하게 「연락처」를 불러오고 등록하는 방법

메일을 작성할 때마다 매번 같은 주소를 입력하는 것은 귀찮은 일입니다. 그럴 때 편리한 것이 「주소록」입니다. Outlook을 사용하는 사람은 이름이나 메일 주소를 여기에서 불러올 것입니다.

덧붙여서, 「주소록」은 「연락처」에 등록되어 있는 정보입니다. 「주소록」은 메일 발신에 특화되어 이름과 메일 주소를 관리하는 것이며, 「연락처」는 근무처나 주소, 전화번호 등 보다 많은 정보를 관리하기 위한 것입니다.

비슷하지만 용도가 다르므로 혼동하지 않기 바랍니다. 이번에는 「연락처」와 「주소록」에서 쓰는 중요한 단축키를 소개합니다.

① Ctrl + 3 : Outlook이 활성화된 상태에서 누르면 「연락처」가 열립니다.

② Ctrl + Shift + C : 「연락처」의 등록 화면이 열립니다. 또한, 받은 메일의 주소 위에서 우클릭 후 「Outlook의 연락처에 추가」를 선택하면 그대로 「연락처」에 등록할 수도 있습니다.

③ Ctrl + Shift + B : 메일의 작성 화면에서 누르면 「주소록」을 열 수 있습니다.

④ Ctrl + F : 「연락처」에서 정보를 선택한 후 누르면 해당 인물의 정보를 메일에 첨부할 수 있습니다(메일 표시에는 해당 인물의 이름이 표시됩니다).

⑤ Ctrl + E : 「연락처」의 검색 박스로 커서가 이동해, 연락처 정보를 검색할 수 있게 됩니다.

연락처/주소록 창에 관한 단축키

① 연락처 표시   `Ctrl` + `3`

② 연락처 등록(수동 입력)   `Ctrl` + `Shift` + `C`

③ 주소록, 연락처 표시   메일 작성 화면에서 ▶ `Ctrl` + `Shift` + `B`

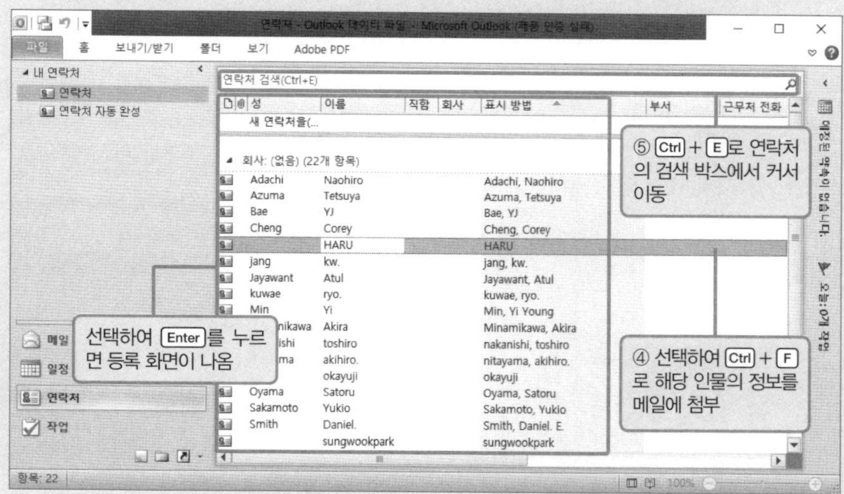

과거 메일을 신속하게 찾는 편리한 검색 기능

과거에 받은 메일을 재확인할 때 받은 편지함에 들어가 있는 수많은 메일 속에서, 원하는 메일을 스크롤하면서 눈으로 찾아내는 것은 정말 어려운 일입니다. 그러므로 많은 사람들이 「검색 기능」을 사용하고 있습니다.

Outlook의 검색 기능에는 「빠른 검색」과 「상세하게 찾기」의 두 종류가 있습니다. 그리고 「빠른 검색」을 할 때에 조금 머리를 쓰면 보다 단시간에 원하는 메일을 찾을 수 있습니다.

「빠른 검색」을 사용할 때는 Ctrl + E 로 커서를 검색 박스에 이동시킵니다. 거기에 송수신 자명이나 문장 중에 포함되는 키워드를 입력 후 Enter 를 누르면, 해당하는 메일이 선택 표시되며 키워드에 해당하는 부분이 노랗게 표시됩니다. 게다가 「빠른 검색」은 182페이지에 소개한 인터넷 검색처럼 아래와 같이 조건을 지정해 검색할 수 있습니다.

① A(스페이스)B: A와 B 모두를 포함한 메일을 검색하여 표시합니다.

② A(스페이스)NOT(스페이스)B: A는 포함하지만, B는 포함하지 않는 메일을 검색하여 표시합니다(※ NOT는 대문자).

③ A(스페이스)OR(스페이스)B: A, B 또는 양쪽 모두를 포함한 메일을 검색하여 표시합니다(※ OR는 대문자).

④ "A(스페이스)B": A, B와 완전히 일치하는 어구를 포함한 메일이 검색 표시됩니다.

덧붙여서, 「상세하게 찾기」는 Ctrl + Shift + F 로 열립니다. 이 기능에서는 송신자나 키워드뿐만 아니라 첨부 유무나 날짜 등 복수의 조건을 지정할 수 있습니다. 입력에 다소 시간이 걸리지만, 보다 높은 정확도로 검색할 수 있습니다.

검색 기능의 활용법

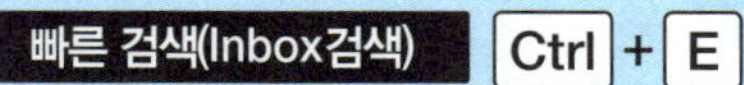

빠른 검색(Inbox검색) Ctrl + E

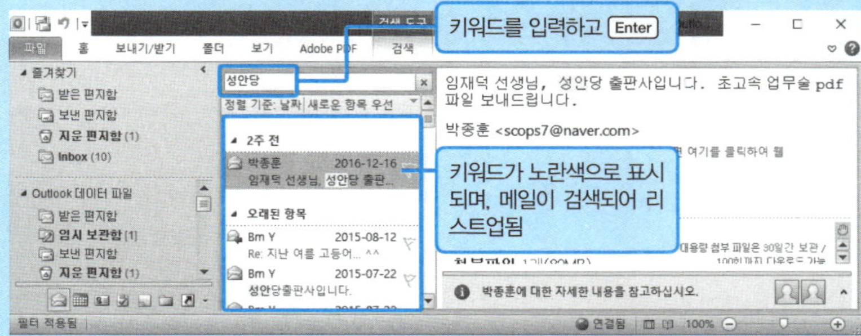

키워드를 입력하고 Enter
키워드가 노란색으로 표시
되며, 메일이 검색되어 리
스트업됨

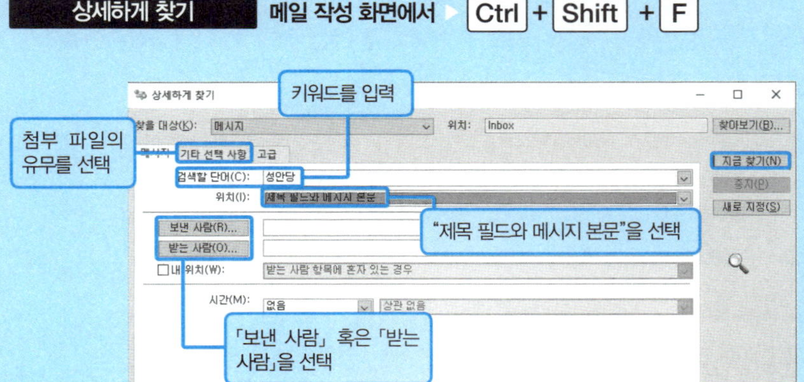

상세하게 찾기   메일 작성 화면에서 ▶ Ctrl + Shift + F
키워드를 입력
첨부 파일의 유무를 선택
"제목 필드와 메시지 본문"을 선택
「보낸 사람」 혹은 「받는 사람」을 선택

신속하게
파일을 첨부하고
메일 송신

메일에 파일을 첨부해 보내는 것은 업무를 하면서 하루도 거르지 않는 일이라고 생각합니다.

이런 일상적 작업도 키보드를 사용하면 마우스를 사용해 파일을 첨부할 때보다 불필요한 시간 낭비나 실수를 줄일 수 있습니다.

방법은 매우 간단합니다.

먼저, 파일을 선택한 후에 Ctrl + C 로 복사를 합니다. 그리고 메일의 「본문」란 또는 「첨부 파일」란에 커서를 옮긴 후, Ctrl + V 로 붙여넣기를 하면 됩니다. 어떻습니까? 놀라울 정도로 간단하지요?

또한, 사용하는 빈도는 낮을지도 모르지만, 지금 보고 있는 메일 그 자체를 첨부해 보낼 수도 있습니다.

단축키는, Ctrl + Alt + F 입니다.

메일을 기록으로서 보존해야 할 경우에 편리합니다.

게다가 방금 전에 소개한 첨부 파일을 포함한 메일을 파일이 첨부된 상태로 제삼자에게 전송할 수 있는 단축키인 Ctrl + F 도 적절히 사용하면 파일 첨부에 관련된 스트레스나 실수로부터 자유로워질 것입니다.

신속하게 메일에 파일을 첨부하는 방법

파일을 메일에 첨부

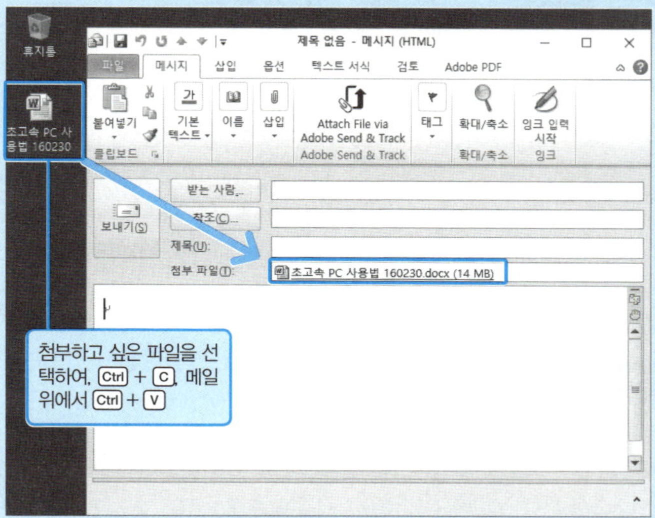

선택한 메일을 첨부

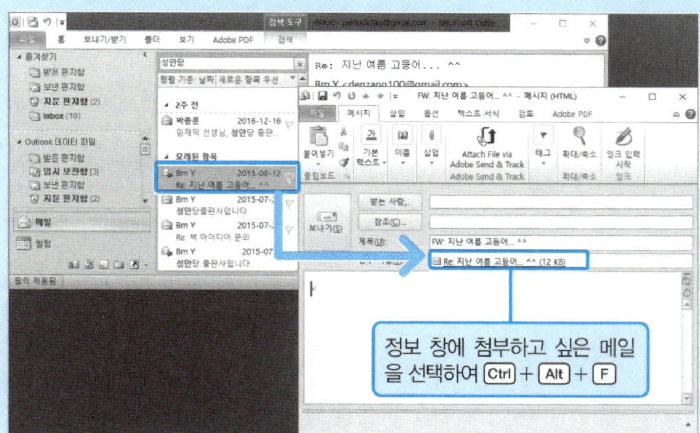

Classic Shell의
인스톨과 설정 방법

이 책에서 몇 번이나 소개한 프리 소프트웨어「Classic Shell」.

Windows 8 이후의 사용자 인터페이스에 익숙하지 않는 사람에게는, 시작 버튼이나 익스플로러 등 익숙해진 Windows 7이나 XP의 스타일로 사용할 수 있는 매우 고마운 툴입니다.

Windows 8 이후의 새로운 사용자 인터페이스에 대해서는 다양한 의견이 있지만, 저는 개인적으로 업무를 볼 때, 역시 옛날 스타일이 효율적이라고 생각합니다.

이 책에서 마지막으로 이 소프트웨어의 개요, 인스톨, 설정 방법을「보너스」로 소개합니다. 꼭 한번 써 보시기 바랍니다.

● 개요

이름:「Classic Shell」

버전: 4.2.5 (번역은 4.3.0)

※ 2016년 4월 13일 시점 (번역은 2016년 12월 시점)

대상OS: Win Vista, Win7, Win8/8.1, Win10 등

제작자: ibeltchev

공식 사이트: http://www.classicshell.net/

가격: 무료

● 인스톨(설치)

아래 웹사이트에 접속해서「Download Now」버튼에서 최신 버전을 인스톨

http://www.classicshell.net/

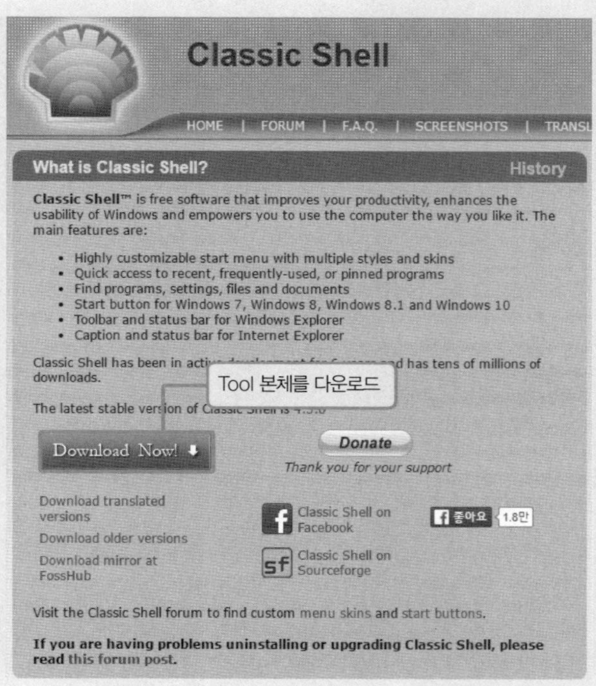
Classic Shell
HOME | FORUM | F.A.Q. | SCREENSHOTS | TRANSL
What is Classic Shell?
History
Classic Shell™ is free software that improves your productivity, enhances the usability of Windows and empowers you to use the computer the way you like it. The main features are:
• Highly customizable start menu with multiple styles and skins
• Quick access to recent, frequently-used, or pinned programs
• Find programs, settings, files and documents
• Start button for Windows 7, Windows 8, Windows 8.1 and Windows 10
• Toolbar and status bar for Windows Explorer
• Caption and status bar for Internet Explorer
Classic Shell has been in active development for 6 years and has tens of millions of downloads.
The latest stable version of Classic Shell is 4.3.0
Tool 본체를 다운로드
Download Now!
Donate
Thank you for your support
Download translated versions
Download older versions
Download mirror at FossHub
Classic Shell on Facebook
Classic Shell on Sourceforge
좋아요 1.8만
Visit the Classic Shell forum to find custom menu skins and start buttons.
If you are having problems uninstalling or upgrading Classic Shell, please read this forum post.

● 일본어화

Classic Shell은 일본어 지원이 되므로 일본어 가능자라면 일본어로 설정할 수도 있다.

① 이하의, 언어 파일 다운로드 페이지로부터 「ja-JP. DLL」를 다운로드한다.
   http://www.classicshell.net/translations/
②「ja-JP.DLL」를 Classic Shell의 인스톨 폴더 안에 복사한다.
③ 시작 버튼에서 우클릭해 「설정」을 선택한다.
④ 설정 화면이 나오면 화면 위쪽의 「Show all settings」에 체크한다.
⑤ 모든 옵션 항목이 표시되므로, 「Language」 탭을 열어, 「ja-JP -일본어(일본)」를 선택
   → 우측하단의 「OK」 버튼을 누른다.
⑥ Classic Start Menu의 다시 시작(재부팅)을 요구하는 다이얼로그가 표시되므로 OK
   버튼을 누른다.
⑦ 시작 버튼상에서 우클릭해, 「종료」를 선택한다.
⑧ 인스톨 폴더 안의 「ClassicStartMenu.exe」를 실행한다.
⑨ 일본어 설정 완료

● 시작 메뉴 설정

「시작 메뉴」를 이전 스타일로 변경하는 방법을 본문에서보다 구체적으로 설명 하겠습니다.
① 시작 메뉴에서 「Classic Start Menu Settings」를 선택하여 「Enter」를 누른다.
② 설정 윈도우 상부의 「Show all settings(모든 설정 표시)」를 체크한다.
③「Start Menu Stype(시작 메뉴 양식)」 탭에서, 원하는 시작 메뉴의 스타일을 선택한다.
④「Customize Start Menu(시작 메뉴 조정)」 탭에서 원하는 시작 메뉴를 선택 →
   「OK」를 누른다.
⑤「Skin(스킨)」 탭에서 시작 메뉴 스킨(시각 장식)을 임의로 선택 →「OK」를 누른다.
⑥ 이상 설정 완료(「Shift」 + 「Windows」 키로 Windows 8 이후의 스타트 메뉴로 전환
   하는 것도 가능)

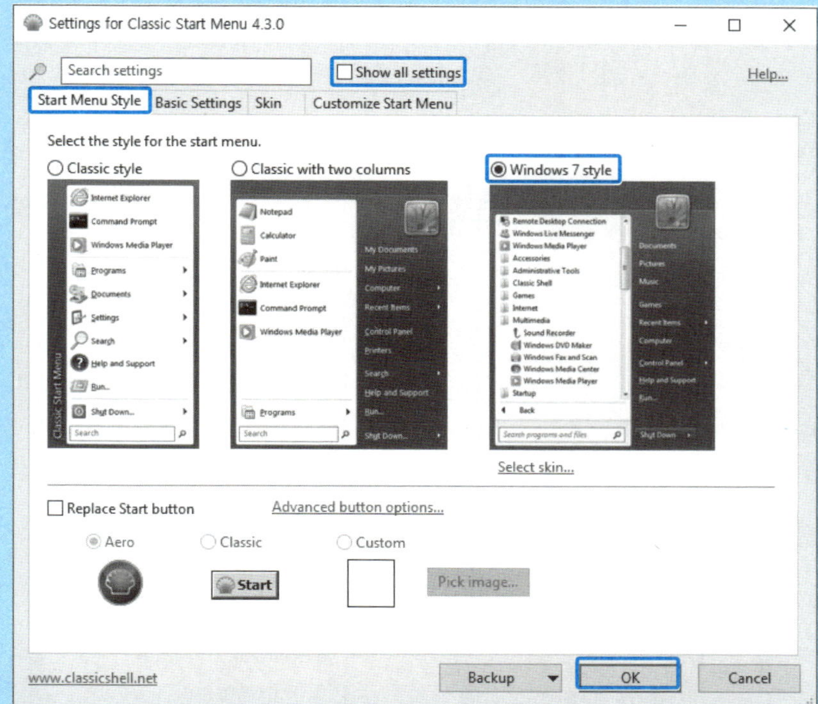

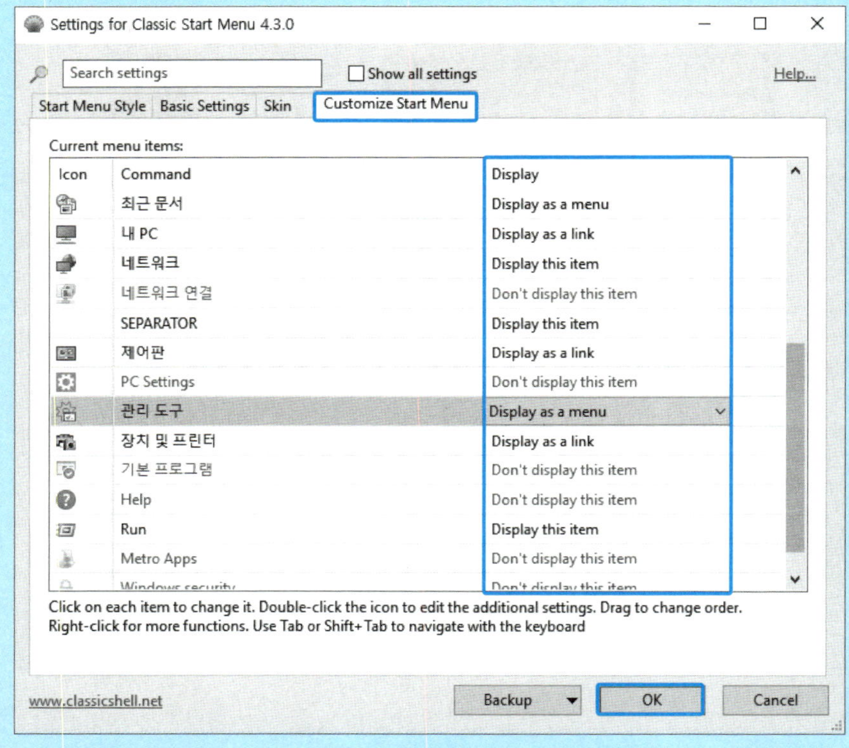
Settings for Classic Start Menu 4.3.0
Search settings
Show all settings
Help...
Start Menu Style   Basic Settings   Skin   Customize Start Menu
Current menu items:
Icon   Command   Display
최근 문서   Display as a menu
내 PC   Display as a link
네트워크   Display this item
네트워크 연결   Don't display this item
SEPARATOR   Display this item
제어판   Display as a link
PC Settings   Don't display this item
관리 도구   Display as a menu
장치 및 프린터   Display as a link
기본 프로그램   Don't display this item
Help   Don't display this item
Run   Display this item
Metro Apps   Don't display this item
Windows security   Don't display this item
Click on each item to change it. Double-click the icon to edit the additional settings. Drag to change order.
Right-click for more functions. Use Tab or Shift+Tab to navigate with the keyboard
www.classicshell.net   Backup   OK   Cancel

Skin의 선택

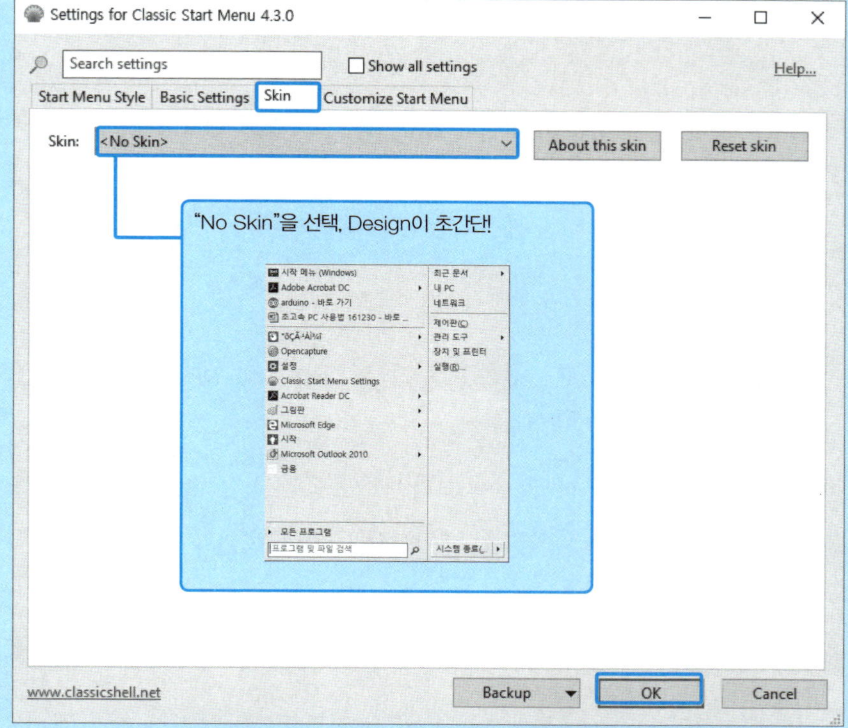

끝까지 읽어 주셔서 감사합니다!

이 책은 IT 관련 전문서나 업무 지침서로 분류될지 모릅니다만, 실은 「인간」과 「인생」이라는 두 가지 키워드가 이 책의 테마입니다.

이 책을 읽어 주실 독자의 일상생활을 떠올리면서 「노동 시간 단축을 실현해, 충실한 인생을 살기 위해서는 어떤 기술을 전해야 할 것인가?」 「어떻게 보다 잘 전달할 수 있을까?」를 고민하면서 집필했습니다.

지금까지 「업무 시간 단축」이라는 테마로서, PC 기술을 정리했던 경험이 없었기 때문에 집필하는 내내 악전고투했습니다.

또한, 잊어버리고 있던 기술이나 OS · 소프트웨어의 버전업에 의해서, 크게 바뀌어 버린 기능도 있어서, 저 자신에게도 커다란 배움과 발견의 기회가 되었습니다.

「PC는 골칫거리다」, 「IT는 어렵다」라는 사람도 있겠지만, IT는 본래 인간의 일상이나 인생을 풍요롭게 하는 것입니다. IT 기술에 휘둘리지 말고, 인간이 IT를 활용하고, 사람과의 연락이나 인생을 보다 풍부하게 하는 것이 이상적일 것입니다.

저는 스마트폰이 아무리 발전해도 「무언가를 만드는 사람」에게 PC는 꼭 필요한 도구로 계속 사용되리라 생각합니다. 그러한 의미로는, PC는 여러분의 미래를 여는 「열쇠」이며, 마음을 물들이는 「피아노」와 같은 존재라고 말해도 괜찮을지 모릅니다.

「PC는 골칫거리다」, 「IT는 어렵다」라고 느끼는 사람이 이 책을 읽고서 조금이라도 PC나 IT를 친근하게 느끼고, 이 책에서 소개한 다양한 노동 시간 단축 기술을 활용하여, 하루 하루의 업무나 인생에 조금이라도 충실할 수 있으면 너무도 기쁠 것입니다.

마지막으로, 이 책을 세상에 소개하는 귀중한 기회를 준, 간키 출판 편집부의 시게무라 게이타 씨에게 진심으로 감사의 말씀을 드립니다. 또, 바쁘다는 핑계와 떠돌이 업무로 도망다녔던 것에 대해 사과 말씀 드립니다.

그리고 가족과 제가 경영하는 4개 회사의 동료들에게는 매일 매일 감사의 기분입니다. 늘 제가 좋아하는 것을 할 수 있는 것은 그·그녀들의 덕분입니다.

또, 일이나 스포츠 등 공적으로나 개인적으로나 즐겁게 도와주는 친구들에게도 이 자리를 빌려 감사의 말을 전하고 싶습니다.

오카다 미쓰히로

일이 빠른 사람은 마우스를 사용하지 않는다

초고속 컴퓨터 업무술

2017. 8. 30. 초판 1쇄 인쇄
2017. 9. 8. 초판 1쇄 발행

지은이 | 오카다 미쓰히로
옮긴이 | 임재덕
펴낸이 | 이종춘
펴낸곳 | BM 주식회사 성안당
주소 | 04032 서울시 마포구 양화로 127 첨단빌딩 5층(출판기획 R&D 센터)
　　 | 10881 경기도 파주시 문발로 112 출판문화정보산업단지(제작 및 물류)
전화 | 02) 3142-0036
　　 | 031) 950-6300
팩스 | 031) 955-0510
등록 | 1973. 2. 1. 제406-2005-000046호
출판사 홈페이지 | www.cyber.co.kr
ISBN | 978-89-315-5520-2 (13000)
정가 | 14,000원

이 책을 만든 사람들
기획 | 최옥현
진행 | 박종훈
교정 · 교열 | 배규호
본문 디자인 | 김희정
표지 디자인 | 박원석
홍보 | 박연주
국제부 | 이선민, 조혜란, 김해영, 고운채, 김필호
마케팅 | 구본철, 차정욱, 나진호, 이동후, 강호묵
제작 | 김유석

■ **도서 A/S 안내**

성안당에서 발행하는 모든 도서는 저자와 출판사, 그리고 독자가 함께 만들어 나갑니다.
좋은 책을 펴내기 위해 많은 노력을 기울이고 있습니다. 혹시라도 내용상의 오류나 오탈자 등이 발견되면 "좋은 책은 나라의 보배"로서 우리 모두가 함께 만들어 간다는 마음으로 연락주시기 바랍니다. 수정 보완하여 더 나은 책이 되도록 최선을 다하겠습니다.
성안당은 늘 독자 여러분들의 소중한 의견을 기다리고 있습니다. 좋은 의견을 보내주시는 분께는 성안당 쇼핑몰의 포인트(3,000포인트)를 적립해 드립니다.

잘못 만들어진 책이나 부록 등이 파손된 경우에는 교환해 드립니다.